Die Selbstdisziplin stärken –
das Klassenklima entwickeln

Walter Kowalczyk/Klaus Ottich (Hrsg.)

Erziehen:
Handlungsrezepte für den Schulalltag
in der Sekundarstufe

Walter Kowalczyk
Klaus Ottich

Erziehen: Handlungsrezepte für den Schulalltag in der Sekundarstufe

Die Selbstdisziplin stärken – das Klassenklima entwickeln

Die in diesem Werk angegebenen Internetadressen haben wir überprüft (Redaktionsschluss 31.4.2004). Dennoch können wir nicht ausschließen, dass unter einer solchen Adresse inzwischen ein ganz anderer Inhalt angeboten wird.

Systemvoraussetzungen für die Benutzung der beiliegenden CD-ROM
- Pentium-PC mit MS Windows 95b, 98, ME, NT 4.0, 2000 oder XP, Bildschirmauflösung 800x600 mit mind. 16 Bit und empfohlenen 24 Bit Farbtiefe
- CD-ROM-Laufwerk
- MS Word ab Version Office 97
- aktiver Internetzugang

Das Programm läuft nur mit eingelegter CD-ROM und ist mit einem Kopierschutz versehen.

 http://www.cornelsen.de

Bibliografische Information
Die Deutsche Bibliothek verzeichnet diese Publikation in der Deutschen Nationalbibliografie; detaillierte bibliografische Daten sind im Internet über http://dnb.ddb.de abrufbar.

Dieses Werk berücksichtigt die Regeln der reformierten Rechtschreibung und Zeichensetzung.

5.	4.	3.	2.	1.	Die letzten Ziffern bezeichnen
08	07	06	05	04	Zahl und Jahr der Auflage.

Redaktion: lüra – Klemt & Mues GbR, Wuppertal
Umschlagentwurf: Dagmar und Thorsten Lemme, Berlin
Illustrationen: Ulrike Selders, Köln
Satz: stallmeister publishing, Wuppertal
Druck und Bindearbeiten: Clausen & Bosse, Leck
Printed in Germany
ISBN 3-589-22042-2
Bestellnummer 220422

 Gedruckt auf chlorfrei gebleichtem Papier ohne Dioxinbelastung der Gewässer.

Inhalt

Übersicht über die Anregungen, Übungen und Materialien

Alle Materialien finden Sie auf der CD-ROM.

Vorwort der Herausgeber

Die Klagen über problematisches Verhalten von Schülerinnen und Schülern häufen sich. Viele Lehrerinnen und Lehrer fühlen sich überfordert und sind unsicher, wie auf unangemessenes Verhalten zu reagieren ist. „Wir können doch nicht aufarbeiten, was in den Elternhäusern versäumt worden ist!", lautet ihre Klage. Vom Versagen der ausgebrannten und hilflosen Pädagogen berichten die Medien, aber auch von ratlosen und hilflosen Eltern. Extreme psychische Belastungen im Lehrerberuf werden konstatiert, aber auch kläglich wirkende Versuche mancherorts, den bedrängenden Herausforderungen Paroli zu bieten. Was ist zu tun?

Eine neue Reihe des Cornelsen-Verlags reagiert auf die aktuelle Situation und bietet Handlungsrezepte für typische Problemlagen des Schulalltags an: das erzieherische Engagement unterstützen, die Unterrichtsvorbereitung erleichtern. Die neue Reihe „Erziehen: Handlungsrezepte für den Schulalltag in der Sekundarstufe" besteht aus einem Grundlagenband und einzelnen Materialbänden. Im Grundlagenband skizzieren die Autoren den theoretischen Hintergrund der Themenfelder und deren Teilbereiche und verdeutlichen die Ausführungen durch Fallbeispiele. Der Band gibt außerdem Anregungen für eine vertiefende Lektüre und bietet wichtige Praxishilfen: Beispiele für die innerschulische Problembewältigung.

Grundgedanken und Leitlinien der Materialbände

- Das Konzept der Materialbände geht von der Beobachtung aus, dass Lernprozesse besser gelingen, wenn die persönlichen Beziehungen und Umgangsformen einen weitgehend störungsfreien Unterricht ermöglichen.
- Die Umsetzung wissenschaftlicher Erkenntnisse in den pädagogischen Alltag unterbleibt häufig, nicht zuletzt deshalb, weil sich die Lehrkräfte seit einigen Jahren verstärkt mit tief greifenden Veränderungen in der Schule beschäftigen müssen. Die Bände der Reihe „Erziehen" helfen explizit bei dieser Schwierigkeit weiter.
- Zur Orientierung an der Praxis gehören auch konkrete Vorschläge, als Handlungsrezepte unterbreitet: inhaltliche wie methodische Konzepte, an denen man sich orientiert, wenn man sie für vernünftig hält.
- Die hier entwickelten Vorschläge zielen in zwei Richtungen: Sie geben Hinweise, wie der Schulalltag möglichst störungsfrei gestaltet werden kann, und sie verdeutlichen an Beispielen, wie man angemessen auf Schwierigkeiten reagiert, die bei allem Bemühen auftreten können.

Vorwort zu diesem Band

Unterrichtsstörungen haben in den letzten Jahren zugenommen, die Ursachen sind vielfältig. Dieser Band bietet Rezepte zur Bewältigung jener Unterrichtsprobleme, die durch einen spürbaren Mangel an Selbstdisziplin verursacht wurden. Die hier angebotenen Modelle basieren auf einem kooperativen Ansatz zur Problemlösung, der sich an Vorgehensweisen orientiert, die unter anderem von Gordon, Wahl, Wahl-Mutzeck oder Redlich/Schley vorgeschlagen worden sind. Lehrer und Schüler sind gemeinsam stärker und sie erreichen mehr, wenn sie sich gegenseitig ihre Eindrücke, Ideen und Wünsche mitteilen und ein Vorhaben beschließen, das die Handschrift beider Seiten trägt. Dann fühlen sich alle Betroffenen wohl, weil niemand eine kränkende Niederlage hinnehmen musste. Klar, überschaubar und alltagstauglich sind die Handlungsrezepte in diesem Buch, die Sie dem genannten Ziel näher bringen.

An einem akut in der Klasse gegebenen Problem zu arbeiten oder ein Basisprogramm „Selbstdisziplin" zu realisieren erfordert unterschiedliche Herangehensweisen. Das angebotene modulare „Bausteinsystem" erlaubt es Ihnen, aktuelle Krisen in einem individuell angelegten Projekt zu bearbeiten und zu überwinden. Ein Basisprogramm zur Steigerung der Selbstdisziplin ist das „Sechs-Wochen-Programm", das Materialien bereitstellt, die Sie im Unterricht über sechs Wochen hinweg begleitend einsetzen können. Alle Materialien sind vollständig und zur eigenen Bearbeitung geeignet auf der beiliegenden CD-ROM zu finden. Im Rahmen einer jeden Maßnahme zur Förderung von Selbstdisziplin im Unterricht sollte die Lehrerin, der Lehrer auch deutlich machen, welche Funktion Selbstdisziplin im außerschulischen Leben hat, wie Schülerinnen und Schüler persönliche Ziele aufstellen und systematisch verfolgen können. Dafür gibt es unentbehrliche Voraussetzungen:

▓ die Fähigkeit, etwas als Problem erkennen und einordnen zu können,
▓ die Überzeugung, Einfluss nehmen und etwas bewirken zu können,
▓ den Wunsch und die Bereitschaft, an sich selbst zu arbeiten – auch wenn es Mühe macht.

Lehrer können ihren Schülerinnen und Schülern dabei helfen, diese Grundhaltungen aufzubauen. Der vorliegende Band enthält dafür „Rezepte" im Sinne von Jochen und Monika Grell: Handlungsentwürfe, an denen man sich orientiert, wenn man sie für vernünftig hält.

Walter Kowalczyk und Klaus Ottich

1 Einführung: Was heißt Selbstdisziplin?

Schulalltag:

- Bei einer Prügelei auf dem Schulhof kann einer der daran beteiligten Schüler gar nicht mehr aufhören. Er tritt noch auf seinen Klassenkameraden ein, als dieser bereits am Boden liegt.
- Im Unterricht rufen einige Schüler immer wieder Antworten in den Raum, wenn sie nicht sofort drangenommen werden.
- Einige Schülerinnen brechen nach kurzer Zeit ihre Arbeit im Unterricht ab und unterhalten sich.

In all diesen Beispielen wird ein Verhalten gezeigt, das gemeinhin als ‚Mangel an Selbstdisziplin' bewertet wird. Im Alltag spricht man auch von fehlender ‚Selbstkontrolle' oder ‚Selbstbeherrschung'. Selbstdisziplin steht für alle willentlich gelenkten Handlungen. Dass Schülerinnen und Schüler darüber verfügen, ist eine Kern-Voraussetzung für das Gelingen von Unterricht.

Selbstdisziplin ist eine komplexe Haltung: Sicher zählen Selbstbeobachtung, Selbstverpflichtung und Selbstverstärkung sowie Selbstbewertung dazu. All das braucht ein Mensch, um sein Verhalten eigenverantwortlich zu steuern und nicht vorschnell zu handeln. Fehlt Selbstdisziplin, äußert sich das als ungesteuerte Aggression, in Ungeduld, aber auch als mangelnde Ausdauer bei der Bearbeitung von Aufgaben.

Wo Selbstdisziplin fehlt, kommt es zu Unterrichtsstörungen, Lehr- und Lernprozesse werden unterbrochen oder gar beendet. Störungen sind dennoch ein Bestandteil des Schulalltags, man kann sie auch als Mitteilungen auffassen: Der Störende will Aufmerksamkeit erregen, Mängel vertuschen, Einfluss gewinnen, Vergeltung oder Rache üben, Zuneigung und Liebe erhalten.

Eine gute Arbeitsatmosphäre ist nicht Selbstzweck, sondern zentrale Bedingung für produktiven Unterricht – ohne Disziplin ist sie wohl kaum zu erreichen. Der überkommene und nicht unproblematische Begriff der ‚Disziplin' kann dabei im Sinne von ‚Selbstdisziplin' für ein zeitgemäßes pädagogisches Handeln wiedergewonnen werden.

Wie ist es um Anstrengungsbereitschaft und Selbstdisziplin bestellt?

Dass ihre Schülerinnen und Schüler immer unruhiger und unkontrollierter werden, beklagen viele Lehrkräfte an allen Schulformen. Michael Gomolzig, Sprecher des Verbandes Bildung und Erziehung (VBE) Baden-Württemberg, hat dazu im August 2003 gegenüber der Presse ausgeführt, dass immer mehr Schüler deutliche Symptome von Verwöhnung zeigten. Auf der einen Seite gebe es trotz des Armutsrisikos ‚Kind‘ immer mehr Eltern, die ihrem Nachwuchs finanziell einiges bieten könnten und wollten. Andererseits entwickelten immer mehr Erziehungsberechtigte eine gewisse Scheu, überhaupt etwas von ihren Kindern zu verlangen, sie auf ihre Pflichten hinzuweisen und deren Erfüllung einzufordern.

Beides zusammen könne auf das Lern- und Arbeitsverhalten von Kindern und Jugendlichen einen stark negativen Einfluss haben. „Anstrengungsbereitschaft, Selbstdisziplin und Pünktlichkeit sind für etliche Schüler heute leider Fremdwörter“, merkte der VBE-Sprecher an.

Sei es aus Bequemlichkeit oder aus Angst vor nervenzehrenden Auseinandersetzungen: Immer mehr Eltern gäben den Wünschen und Forderungen ihrer Kinder zu rasch nach, meist um sich nicht den verbalen Attacken ihrer Sprösslinge aussetzen zu müssen. Eltern fürchteten regelrecht das ‚Gemaule‘ ihres Nachwuchses und kapitulierten daher nach einem Fehlverhalten ihrer Kinder oder bei drohenden Auseinandersetzungen sehr schnell, obwohl das Nachgeben in der Regel eigentlich wider besseren Wissens und gegen die innere Überzeugung sei, berichtet Gomolzig. Verwöhnung könne auf Dauer wie eine Droge wirken und süchtig machen.

Anstatt die Lehrer bei der Erziehung der Schüler zu unterstützen, deckten Eltern häufig Unpünktlichkeit und Schulschwänzen ihrer Kinder durch ‚Entschuldigungszettel‘, die nicht der Wahrheit entsprächen. Das sei keine professionelle ‚Erziehung‘ und räche sich später meist bitter, warnt der VBE. Mit ständigem Nachgeben und falschem Verwöhnen tue man weder sich noch dem Sohn oder der Tochter einen Gefallen, sondern beraube die Kinder der Chance, zu lernen, ihr Leben eigenverantwortlich zu führen und für die Folgen ihres Tuns einzustehen (Quelle: www.vbe-bw.de, siehe CD-ROM).

Das namhafte Institut für Schulentwicklungsforschung in Dortmund ermittelt alle drei Jahre Daten zu wichtigen schulischen Fragen, die auch die Elternseite in den Blick nehmen. Im Jahr 2000 wurden Eltern in Ost- und Westdeutschland gefragt: „Gibt es Dinge, auf die heute in der Schule Ihrer

Meinung nach zu wenig geachtet wird?" Aus den Antworten wurden die Spitzenreiter der Unzufriedenheitsfaktoren ermittelt:

Westdeutschland	Ostdeutschland
Disziplin	Disziplin
Vernünftiger Umgang miteinander	Vernünftiger Umgang miteinander
Allgemeinwissen	Höflichkeit und gute Umgangsformen
Kritisches Denken	Allgemeinwissen
Höflichkeit und gute Umgangsformen	Toleranz gegenüber anderen
Toleranz gegenüber anderen	Kritisches Denken

Gegenüber den vorangegangenen statistischen Erhebungen aus dem Jahr 1997 wurde festgestellt: „Im Westen wird gefordert, dass sich die Schule zukünftig vor allem um die Förderung sozialer Kompetenzen und Teamfähigkeit (plus 22 Prozentpunkte gegenüber 1997), die Vermittlung der Fähigkeit, Probleme zu erkennen und Lösungswege zu entwickeln (plus 18 Prozentpunkte gegenüber 1997) sowie die Förderung von Selbstdisziplin und Durchhaltevermögen (plus 16 Prozentpunkte gegenüber 1997) verstärkt kümmern solle. Im Osten waren die entsprechenden Werte bereits 1997 sehr hoch [...]." (IFS 2000, S. 32)

Wir fassen zusammen: Selbstdisziplin halten Eltern wie Schule gleichermaßen für wichtig – doch es herrscht keine Übereinstimmung darüber, warum sie einerseits nicht ausreichend ausgebildet ist und wer sie andererseits abschließend vermitteln soll. Auch wenn außer Diskussion steht, dass Erziehung in erster Linie im Elternhaus stattfindet: Auch die Schule ist gefordert, ihren Anteil daran zu übernehmen.

Alle tragen gemeinsam Verantwortung

Für einen erfolgreichen Unterricht tragen Schüler und Lehrer gleichermaßen Verantwortung. Seiner Verantwortung kann nur der gerecht werden, der sein Verhalten eigenverantwortlich zu steuern vermag. Mitverantwortung und Selbstdisziplin als Zielvorstellung haben auch in viele Schulprogramme Eingang gefunden. Nachfolgend ein Beispiel aus dem Schulprogramm der Hauptschule am Niesenteich in Paderborn:

Mitverantwortung

Eine Gemeinschaft ist nur dann gut, wenn jeder sich dafür einsetzt. Wir wollen, dass das gelingt. Dazu ist es notwendig, dass jeder bereit ist, für diese Gemeinschaft Mitverantwortung zu übernehmen, sei es für die Probleme von Mitschülern, die Aufrechterhaltung von Sauberkeit und Ordnung in der Schule, die pflegliche Behandlung von Schulmobiliar und Schulbüchern oder die Gestaltung der Schule. Jeder muss auch bereit sein, in dieser Gemeinschaft Aufgaben zu übernehmen und diese verantwortungsbewusst zu erfüllen, sei es als Klassensprecher/in, als Klassenbuchführer/in, als Ordnungsdienst, im Verkauf am Kiosk, in der Schülervertretung oder bei der Organisation von Schulfesten.

Selbstdisziplin

Wir wollen keinen blinden Gehorsam, aber die Einsicht, dass ohne Selbstdisziplin das Zusammenleben und die Arbeit in der Schule empfindlich gestört werden und der Erfolg in Schule und Beruf gefährdet ist. Dazu ist es notwendig, dass jeder sich an die Vereinbarungen dieser Schulordnung hält, auf freches und aggressives Verhalten verzichtet, beleidigende Ausdrücke der Gossensprache unterlässt, die Hausaufgaben sorgfältig erledigt, die Hefte ordentlich und sauber führt, die Schulbücher pflegt, zum Unterricht regelmäßig und pünktlich erscheint und nach besten Kräften mitarbeitet.

Mit freundl. Genehmigung der HS am Niesenteich, Paderborn

Routinen, Gewohnheiten und Verhaltensmuster aufbrechen

Viele Verhaltensweisen sind eingefahren, vieles geschieht nach einer gewissen Zeit routiniert und gewohnheitsmäßig. Problematisch ist, dass mit der dann zwangsläufig abnehmenden Bewusstheit auch eine Verfestigung der „üblichen" Verhaltensformen einhergeht, die fatalerweise hemmend wirkt, weil die Umstände eigentlich einen Wechsel erfordern. Nehmen wir zwei Praxisbeispiele: Ein Lehrer stellt eine Frage, gibt den Schülern aber keine Zeit zum Nachdenken und schließt wegen des anhaltenden Schweigens sofort noch eine weitere Frage an. Eine Lehrerin ruft immer dieselben Schüler auf und schaut, weil sie das Tageslicht in Fensterrichtung blendet, am liebsten die Schüler und Schülerinnen an, die an der Wand sitzen.

Wir alle sollten Verhaltensmuster, die sich durch häufige Anwendung zu verselbstständigen drohen, von Zeit zu Zeit auf ihren Stellenwert hin befragen. Routiniertes Handeln und kritische Überprüfung der eingespielten Verfahren müssen sich wechselseitig ergänzen.

Selbstdisziplin als Basis des Erfolgs etablieren

Durch Selbstdisziplin lernen Schüler, ihr Verhalten zu steuern, indem sie es bewusst wahrnehmen, sich Ziele setzen und ihr Verhalten daran messen (es selbst bewerten). Äußeren Verstärkern kommt hierbei nur eine zweitrangige Bedeutung zu. Denn das Erreichen dieser selbst gesetzten Ziele wirkt an sich schon verstärkend. Dazu muss aber den Schülern der eigene Lernprozess so weit wie möglich transparent sein.

Vereinbarungen treffen statt Anordnungen erlassen

Schüler verstehen sich nicht als ausführende Organe von Lehreranordnungen, sie wollen ihre Ansichten und Wünsche selbst in die Planungsgespräche einbringen und an den Vereinbarungen beteiligt sein. Eine Initiative zum Thema „Erziehung in der Schule" sollte

- Veränderungswünsche an Schüler und Lehrer richten, nicht nur einseitig den Schülern etwas vorschreiben,
- in allen Phasen der Erarbeitung Schüler und Eltern beteiligen, damit alle im Katalog der Regeln die eigene Handschrift wiedererkennen,
- die Einzelheiten eines solchen Vorhabens an vielen Stellen des Unterrichtsalltags dauerhaft platzieren – und so vermeiden, dass es als punktuelle Aktion wieder aus dem Blick gerät.

2 Wann sind Lehrerinnen und Lehrer gefordert?

Situationen, in denen Disziplinprobleme auftreten, zeichnen sich durch drei Variablen aus: den Lehrer, den (oder die) Problemschüler und den Rest der Klasse. Die einzige Variable, die der Lehrer wirklich kontrollieren kann, ist er selbst. Kann er sein Verhalten nicht kontrollieren oder ist er der Meinung, ihm würden die nötigen Kompetenzen fehlen, kann die Situation außer Kontrolle geraten. Fehlende Selbstkontrolle führt zu Kontrollverlust und zusätzlichen Problemen.

Wer sich mit einem Problem in der Klasse (im Unterricht) auseinander setzen muss, wird sich die Frage stellen, wie dringlich Veränderungen sind, welche Reihenfolge bei den Veränderungsmaßnahmen beachtet werden sollte und wie viel Zeit für dieses Vorhaben einzuplanen ist. Der Erfolg des Bemühens ist abhängig von den Kompetenzen und den Ressourcen eines Lehrers:

- verfügbare Zeit,
- Stand des fachlichen Wissens,
- methodische Findigkeit und Fertigkeit.

Bei ausreichender Kompetenz (Vorwissen, Problemlösefähigkeit) wird die Lösung nicht durch emotionale Impulse beeinträchtigt. Der Lehrer weiß, dass die kritische Situation sehr wohl durch das eigene Verhalten gemeistert werden kann. Dies ändert sich, sobald der Überblick verloren geht, Kontrollverlust droht und damit das Selbstwertgefühl des Betroffenen gefährdet ist. Dann gerät die Situation in eine emotionale Schieflage.

Negative Auswirkungen sind vor allem dann zu erwarten, wenn sich der Lehrer außerstande sieht, die problematische Lage zu kontrollieren, oder – im Rückblick – nicht glaubt, diese mit verursacht zu haben. Hilfestellung für die Interpretation stressreicher Alltagssituationen gibt Dietrich Dörner, Professor für Theoretische Psychologie an der Universität Bamberg. Angst ist, so Dörner, die dominierende Emotion in einer unüberschaubaren (unkontrollierbaren) und deshalb gefährlichen Situation. Die Konsequenz daraus sieht der Spezialist für vernetztes Denken in einer „Notfall-Reaktion des kognitiven Systems": eine schnelle und allgemeine Reaktion als „Antwort" auf die missliche Lage. Also wird das Denken blockiert und konservativ-eingespieltes (automatisiertes) Verhalten abgerufen. Ein genaues Hinsehen und eine systematische Vorgehensweise unterbleiben weitgehend, die Folgen sind Leistungsminderung durch Überbeanspruchung und ein weniger strukturiertes Vorgehen, also Ad-hoc-Handeln. Außerdem bewirkt eine solche Notfall-Reaktion die Neigung zu generalisiertem Verhalten, das den spezifischen Zügen der jeweiligen Situation nicht gerecht wird. Was bleibt, ist ein Notbehelf, weit entfernt von souveränem Handeln. Gerät ein Lehrer in ein derartiges Reiz-Reaktions-Schema, überlegt er nicht mehr, ob die eigene Reaktion sich positiv auf den Problem-Schüler, die Mitschüler oder die Lernsituation in der Klasse auswirkt.

Typische Verhaltensformen in bedrohlichen Situationen sind demnach:

- der Versuch, einen störenden Umstand schnell aus der Welt zu schaffen – dazu gehören relativ radikale Entscheidungen, die Nebenwirkungen unberücksichtigt lassen und weder gezielt (punktuell) ansetzen noch angemessen dosiert sind (Typus „Angriff");
- der Rückzug aus dem Problemfeld, die Hinwendung zu einem gut beherrschten Ersatzgebiet. Einige Stichwörter zu dieser Variante: „Einkapselung", „Abwandern in eine Traum- oder Erinnerungswelt", „thematisches Vagabundieren" (Typus „Vermeidung");
- der resignative Verzicht auf weitere Aktivitäten, weil etwa Angriff und Flucht erfolglos geblieben sind – nun geht es nur noch darum, unnötige Kraftaufwendungen zu vermeiden (Typus „Aufgeben").

Wir fassen zusammen: In Situationen, in denen der Überblick verloren geht und Kontrollverlust droht, ist der Mensch Emotionen ausgesetzt, die seine Kompetenz und die Effizienz seines Verhaltens beim Problemlösen erheblich einschränken. Verfügt er dagegen über Mittel und Wege, den Schwierigkeiten zu begegnen, wird er zunächst festlegen, welche der beeinflussbaren Variablen zu verändern sind, um das angestrebte Ziel zu erreichen.

Statt Durchwursteln: systematisch und professionell vorgehen

Störungen in den Interaktionen der Beteiligten innerhalb des Unterrichts können vermindert beziehungsweise behoben werden, indem man die Selbstdisziplin gezielt fördert. Zu diesem Zweck müssen allerdings die Ansatzpunkte der pädagogischen Intervention klar hervortreten: immer wieder auftretende Spannungen, Konflikte, Auseinandersetzungen, Konkurrenzverhaltensweisen, Aufmerksamkeitsschwächen, Motivationsmängel, Unterrichtsstörungen. Gelingt dies, ist ein unmittelbarer, für die Schüler einsichtiger Bezug zum Unterrichtsalltag hergestellt. Die störenden Schüler, besser: alle Mitglieder dieser Klasse, bilden das Thema des Projekts.

Dass persönliche Probleme, Streit und Störungen im Unterricht angesprochen werden, ist keine Besonderheit unseres Ansatzes. Das geschieht vermutlich bereits in vielen Gesprächen zwischen Lehrern und Schülern. Eine systematische Vorgehensweise thematisiert jedoch die Probleme nicht nur punktuell in einem individuellen Gespräch. Sie strebt danach, über Selbstwahrnehmung, Selbstverpflichtung und Überprüfung der Auswirkungen in einem längeren Prozess eine Lösung durch unterrichtlich gebundenes Handeln zu bewirken. Wir möchten ein Modell für soziales Lernen im Unterricht in Form von Projekten vorstellen. Fächerübergreifend und über einen Zeitraum von ungefähr sechs Wochen wird *ein* Aspekt der Lehrer-Schüler- oder Schüler-Schüler-Beziehung in den Mittelpunkt gestellt.

Das hier vorgestellte Modell eignet sich dort, wo folgende Zielsetzungen verfolgt werden:
- gerechte Verteilung der Aktivitäten in der Klasse,
- gegenseitige Akzeptanz,
- sachliche Kritikäußerungen,
- Zuhören und Ausredenlassen,
- gegenseitige Hilfestellung und Zusammenarbeit,
- offene Meinungsäußerungen,
- faire Streit- und Konfliktbewältigung,
- selbstbewusstes Schülerverhalten (z. B. Nachfragen bei fehlendem Verständnis),
- Pünktlichkeit,
- regelmäßige Hausarbeit,
- Beteiligung am Unterricht.

Ein Projekt zum Thema „Selbstdisziplin" kann durchgeführt werden, um zunächst einen für die Arbeit in der Klasse unerträglichen Problemzustand zu beseitigen (z. B. Abbau massiver Störungen, Reduzierung von Zwischenrufen, Veränderung aggressiver Konfliktlösungen). Dementsprechend muss dann das notwendige Basisverhalten aufgebaut werden.

Ebenso gut kann man durch das Projekt anstreben, ein angemesseneres Sozialverhalten zu erreichen, das auf vorhandenem Basisverhalten der Schüler aufbaut (z. B. Verbesserung des Gesprächsverhaltens und der Zusammenarbeit). In diesem Projekt suchen Lehrer und Schüler dann gemeinsam nach Gründen für Störungen, unbefriedigende Gesprächsverläufe, Unruhe und anderes mehr. Sind spezifische Faktoren als problemverursachend erkannt, werden gemeinsam Möglichkeiten der Änderung überlegt. Schüler und Schülerinnen erfahren dabei ganz konkret,

- dass sie etwas bewirken können und dass nicht nur etwas mit ihnen geschieht,
- dass sie an der Auswahl von Unterrichtsthemen (soweit es im Entscheidungsspielraum des Lehrers liegt) beteiligt werden und so Einfluss darauf nehmen, was sie lernen,
- dass Schule Bezug nimmt zur realen Lebenswelt und nicht nur abstrakt Wissen vermittelt,
- dass sie selbstständig lernen und sich selbst Ziele setzen können und nicht im fragend-entwickelnden Unterrichtsgespräch an der Leine geführt werden müssen, bis sie dort angekommen sind, wohin sie der Lehrer haben wollte.

Es empfiehlt sich, über Gespräche Einsicht zu vermitteln und über praktisches Handeln Verhaltensänderung herbeizuführen. Die Methode selbst ist dabei weder Unterrichtsfach noch Unterrichtsprinzip. Sie strebt als Problemlösungs- oder Zielerreichungsstrategie Veränderungen im Unterricht an, die dann günstige Voraussetzungen für die inhaltliche Vermittlung darstellen. Wissen, strategisches Denken, Handlungskompetenzen und Problemlösungsfähigkeiten werden stabiler erworben, wenn dies über konkrete Aneignung von Erkenntnissen, anschauliches, handlungsbezogenes Lernen und selbstständige Auseinandersetzung mit Problemen geschieht.

Wissenschaftsorientierung im Denken der Lehrer sollte dazu führen, dem ganzheitlichen Lernen den Vorrang zu geben: die Wissensvermittlung, das Üben und Anwenden sowie die Auseinandersetzung mit den eigenen Gefühlen miteinander zu verbinden. Wissenschaftsorientierung im Denken heißt auch, viele verschiedene Ursachen für Probleme in Lösungsprozesse einzubeziehen: Verhaltensänderungen bei Schülern und Lehrern, Modifizierung von Interaktionsmustern, Veränderung der Unterrichtsinhalte und der Vermittlungsformen.

Das Projekt „Selbstdisziplin" planen und durchführen

Um das Projekt zu realisieren, bietet sich ein breites Spektrum an Vorgehensweisen an:

- Beschreibung des Problems aus der Sicht der beteiligten Personen,
- Wechsel in die Perspektive des anderen,
- Analyse des Problems,
- Entwickeln einer Zielsetzung,
- Erarbeitung von Lösungsstrategien,
- Entscheidung für eine Handlungsmöglichkeit,
- Planung der konkreten Umsetzung und
- Bewertung der Veränderungen.

Eine gemeinsame Sicht der Probleme entwickeln

Zu Beginn des Projekts denkt der Lehrer darüber nach, welche Probleme, Spannungen, Konflikte oder pädagogische Zielvorstellungen eine Intervention erfordern. Er konkretisiert seine eigene Problemsicht, reflektiert sie gegebenenfalls im Gespräch mit anderen Lehrern oder mit einem Berater. Erst wenn der Lehrer sein eigenes Problemverständnis gründlich herausgearbeitet hat, entscheidet er sich für einen begrenzten Problembereich und trägt den Schülern und Schülerinnen seine Gedanken zu diesem Thema vor.

Damit sich alle Schüler ohne Druck zum Problem äußern können, wird ihre Sicht schriftlich mit Hilfe eines Fragebogens erfasst; die Auswertung erfolgt gemeinsam.

Den auf sein Problem zugeschnittenen Fragebogen hat der Lehrer zuvor (eventuell in einer Lehrergruppe) erarbeitet oder mit der Klasse gemeinsam erstellt. Entscheidend ist die Begrenzung der Problemdiagnose auf einen Bereich, zu dem detaillierte Informationen zusammengetragen werden.

Die Antworten der Schülerinnen und Schüler sollen Informationen zu folgenden Fragen geben:

- Sehen die Schüler das Problem genauso wie der Lehrer oder vertreten sie eine andere Sicht?
- Welche Gründe nennen sie für ihr eigenes Verhalten?
- Welche Ziele verfolgen sie mit ihrem Verhalten?
- Was stört die Schüler am Unterricht und am Lehrer?
- Welche Wünsche äußern sie zur Veränderung des Unterrichts und des Lehrerverhaltens?

▓ Wie wichtig ist den Schülern die Lösung des vom Lehrer ausgewählten Problembereichs?

Aus den Problemdefinitionen des Lehrers und der Schüler (die untereinander wiederum unterschiedliche Ansichten vertreten werden) wird eine gemeinsame Definition erarbeitet. Die Problemdiagnose besteht also darin, dass Lehrer und Schüler sich gemeinsam über den ausgewählten Problembereich verständigen.

Gemeinsam mit den Schülern planen

Bezogen auf die „Problemdiagnose" entwickeln Lehrer und Schüler gemeinsam Ziele und Veränderungsmaßnahmen. Im Zentrum dieser Erarbeitung steht die Formulierung „handlungsleitender Regeln" für Lehrer und Schüler. Diese Regeln sollen über einen längeren Zeitraum im Unterricht gezielt eingeübt werden. Damit haben beide Seiten, Lehrer und Schüler, die Chance, die Erfahrung einer veränderten Interaktion zu machen. Es bleibt nicht bei Absichtserklärungen, Appellen oder bloßer Einsicht. Wichtig ist bei der Planung der Maßnahmen, dass Lehrer und Schüler sich einigen, wie lange, wie häufig und mit welchem Erfolgsmaßstab die Regeleinhaltung geübt werden soll und welche Konsequenzen Regelverletzungen haben werden.

Im Interesse einer Veränderung können zunächst wohl bekannte Instrumente eingesetzt werden, um die individuelle und kollektive Bewertung der gegebenen Situation sicherzustellen, so zum Beispiel:

▓ Selbstbeobachtungsbogen (Beispiel: Strichliste zur Feststellung der Häufigkeit von Beteiligung und Zwischenrufen),

▓ Anleitung zur Selbstbewertung (Beispiel: Skala zur Einschätzung der subjektiven Zufriedenheit mit dem eigenen Verhalten in einer Unterrichtsstunde),

▓ Rückmeldeverfahren (Beispiel: Fragebogen oder auch Einschätzung der Verständlichkeit von Erklärungen oder der Freundlichkeit des Lehrers anhand einer Skala),

▓ Erfolgsposter zur Darstellung von Klassenergebnissen (Beispiel: Verlaufskurve zur Abbildung der Gesamthäufigkeit von Unterrichtsbeteiligung).

TIPP: Hilfreiche und praxisnahe Hinweise über unterrichtstaugliche Rückmeldeverfahren finden Sie in dem Buch von Christoph Burkard/ Gerhard Eikenbusch/Mats Ekholm: Starke Schüler – gute Schulen. Wege zu einer neuen Arbeitskultur im Unterricht. Berlin, Cornelsen Scriptor 2003.

Verzichten Sie lieber auf Belohnungen. Sinnvoll sind allenfalls kollektive Belohnungen, wie etwa gemeinsame Feste oder Unternehmungen. Das kooperative Element wird oft besonders deutlich in schriftlich festgehaltenen Abkommen oder Verträgen, die die Verhaltensregeln, Zeitdauer, Methoden usw. enthalten.

Zur Erfolgskontrolle lassen sich besonders gut Fragebögen, Strichlisten oder Ähnliches einsetzen. Auf Selbstbeobachtungsbogen etwa wird die Zahl der Regeleinhaltungen sowohl für Schüler als auch für Lehrer notiert. Die Summe aller Regeleinhaltungen in einer Stunde gibt im Vergleich zu früheren Stunden oder im Hinblick auf eine Zielgröße an: Wie weit hat die Klasse ihr Ziel bereits erreicht?

Gemeinsam mit den Schülern intervenieren

Neben der Durchführung der geplanten Maßnahmen und der laufenden Erfolgsüberprüfung anhand von Selbstbeobachtungen und Selbsteinschätzungen ist besonders viel Wert auf die Stabilisierung des Erreichten zu legen. Die Interventionsmethoden werden nach Absprache mit den Schülern nach und nach zurückgenommen, bis sie den Unterricht nicht mehr zusätzlich durch Zeit und Instrumentarium belasten. In der Stabilisierungsphase tritt auch deutlich hervor, ob das Verhalten des Lehrers und der Schüler sich dauerhaft verändert hat und ohne Hilfsmittel bestehen bleibt.

Am Ende eines Projektes findet eine gemeinsame Abschlussbewertung statt. Die Schüler und der Lehrer besprechen (meist anhand einer zweiten Schülerbefragung), was gut und was schlecht gelaufen ist, ob sich das Projekt insgesamt gelohnt hat und was jeder Einzelne dabei gelernt hat.

Damit aber neue Routinen (bewährte Gewohnheiten) entstehen, ist eine erneute Durchführung – zeitlich kürzer – nach etwa drei Monaten erforderlich. Dann zeigt sich, ob die zuvor eingesetzten Interventionen geeignet waren, das erwünschte Ziel zu erreichen.

Zu neuen Ufern, aber nicht allein

Warum sollen Lehrerinnen und Lehrer sich mit zusätzlichen, selbst gestellten Arbeitsaufträgen belasten, wenn sie ohnehin unter dem Problem chronischer Überlastung leiden und oft bereits mit den gegebenen alltäglichen Anforderungen nicht zurechtkommen? Schlagworte wie ‚Burn-out' und ‚innere Kündigung' beherrschen die Pädagogenszene.

Das Gefühl der Überlastung und die damit zusammenhängenden psychosomatischen Reaktionen entstehen nicht so sehr aus den objektivierbaren Momenten der Lehrerarbeit (zeitlicher Aufwand, Stundenzahl, Stoffpläne), sondern eher aus dem täglichen sozialen Stress im Umgang mit den Schülern und den Kollegen, aus dem Gefühl, den Dingen eher hinterherzulaufen als sie zu kontrollieren. Die Lehrkräfte fühlen sich in einer Mühle fremdbestimmter Anforderungen, die letztlich den persönlichen Bezug zum eigenen Tun zerstören oder diesen gar nicht erst aufkommen lassen. Das Ergebnis ist oft, dass der ‚Sinn' der Tätigkeit im subjektiven Erleben immer mehr verloren geht. Ist es unter diesen Voraussetzungen überhaupt sinnvoll, über Projektarbeit der Lehrer nachzudenken? Gute Gründe sprechen dafür.

Es geht nicht darum, den Lehrerinnen und Lehrern mehr aufzubürden, sondern ihnen durch einen anderen, selbst bestimmten Zugang zu ihrer schulischen Situation die Chance zu geben, etwas individuell Bestimmtes aus eigenem Antrieb zu tun.

TIPP: Es ist hilfreich, wenn während der Durchführung des Projektes zum Beispiel jeweils zwei Lehrer oder Lehrerinnen ein Team bilden, in dem sie sich bei der Planung, Durchführung und Evaluation des Projektes gegenseitig beraten.

Die intensive Arbeit an einem selbst gewählten Problem, möglichst noch zusammen mit anderen, erzeugt einen Motivationsschub, der den Routinebereich entlasten kann. Neue Sichtweisen auf die Alltagstätigkeit werden angeregt, neue Handlungsspielräume eröffnet und das subjektive Gefühl, die Kontrolle zu behalten, wird erhöht. Ein gemeinsames pädagogisches Bemühen, das engagiertes Betreuen und Fördern eines jeden Schülers, einer jeden Schülerin anstrebt, wird helfen, neue Perspektiven zu ermitteln. Letztlich gilt die alte Weisheit: Wir leiden nicht unter den Dingen, sondern unter den Vorstellungen, die wir uns von diesen Dingen machen. Insofern sind positive Vorstellungen der Ausgangspunkt ermutigender, frischer Impulse.

Das modular aufgebaute Projekt hat viele Stärken:

1. Das Projektthema spricht die Schüler und Schülerinnen unmittelbar an. Die Schüler selbst, ihre Beziehung zu den anderen in der Klasse und zum Lehrer, das Unterrichtsverhalten des Lehrers und andere aus ihrem unmittelbaren Erfahrungsbereich in der Schule stammende Fragen sind Gegenstand der Auseinandersetzung.

2. Das Vorgehen ist konkret und anschaulich. Die Schülerinnen und Schüler wissen aus eigener Anschauung, worüber sie reden. Sie werden nicht durch Abstraktion überfordert. Problemanalyse und Maßnahmen beziehen sich konkret auf das, was für alle beobachtbar, überprüfbar und beeinflussbar ist: ihr eigenes Verhalten und das der anderen.

3. Alle Beteiligten sind Teil des Problems und der Veränderung. Bei diesem Thema gibt es keinen Erfahrungsvorsprung Einzelner. Jeder kann seine Problem-Sicht einbringen und jeder kann auch durch eigene Aktivität zur Lösung des Problems beitragen.

4. Das (in nicht wenigen Fällen) negative Selbstbild der Schülerinnen und Schüler verändert sich. Die Schüler und Schülerinnen erfahren sich als zielgerichtete Akteure, von denen etwas gefordert wird, die gegenseitig Erwartungen formulieren und auch Forderungen an den Lehrer richten können. Sie akzeptieren sich selbst, bestätigen sich in ihrem Verhalten, erleben, dass sie in der Lage sind, gemeinsam festgelegte Regeln einzuhalten. Und sie haben Erfolg! Ihre Anstrengungen wirken sich aus, auch außerhalb der Schule. Dies zu erleben verbessert das negative Bild, das viele Schülerinnen und Schüler von sich selbst haben.

3 Die Bausteine

Viele Probleme entwickeln sich schleichend. Irgendwann reicht der berüchtigte Tropfen, um das Fass zum Überlaufen zu bringen. Statt nun ein punktuelles Donnerwetter in Szene zu setzen, sollte man lieber versuchen, die beklagte Situation auf systematische Weise dauerhaft zu verändern. Die nachfolgend vorgestellten Bausteine geben Anregungen, die im schulischen Alltag umsetzbar sind.

Wir greifen ein exemplarisches Beispiel auf – hier: zu geringe Unterrichtsbeteiligung aus der Sicht des Lehrers – und stellen in der Anwendung darauf die einzelnen Projektschritte beziehungsweise Bausteine vor. Ist das Vorgehen klar, können verschiedene Aspekte disziplinierten Verhaltens in den Blick genommen werden; um diese geht es im anschließenden Kapitel.

Die Bausteine: eine Übersicht

Die Bausteine bilden ein zusammenhängendes Programm. Generell aber gilt: Machen Sie Ihre eigenen Erfahrungen und modifizieren Sie das Material bei Bedarf entsprechend Ihren individuellen Bedürfnissen. Die Bausteine sind als Rezepte zu verstehen, als Antworten auf die Frage, wie etwas gemacht werden kann, nicht aber als Gesetze, denen jeder gehorchen muss. Sie sollten als Beschreibungen dessen verstanden werden, was man tun kann, wenn man bestimmte Ziele erreichen oder bestimmte Effekte erzielen möchte. An diesen Handlungsentwürfen kann man sich orientieren, wenn man sie für vernünftig hält.

Übersicht über die Projektbausteine

Baustein	Erläuterung, Funktion
1 Was stimmt hier nicht?	Kurze Anregungen, Verständnis für die Situation und die eigene Rolle schaffen (Lehrersicht)
2 Wie seht ihr die Situation?	Die Sicht der Schüler erschließen
3 So sieht's aus	Gegenüberstellung der Perspektiven

Baustein	Erläuterung, Funktion
4 Wie soll's sein? Was wollen wir erreichen?	Schüler bestimmen mit, übernehmen Verantwortung; Ziele klären
5 Das ist unser Plan	Eigene Verantwortung am ‚Arbeitsplatz' Schule wahrnehmen: Umsetzung und mögliche Verhaltensweisen kleinschrittig planen
6 Intervenieren	Was tun, wenn etwas nicht gelingt? Einschreiten und Zielerfüllung sichern
7 Einen Vertrag abschließen	Regeln und Konsequenzen bei Regelverstößen vereinbaren
8 Jede Woche ein bisschen besser	Kontinuierliche Evaluation: Die Schülerinnen und Schüler reflektieren das eigene Verhalten und geben Feedback über das Verhalten anderer

Baustein 1: Was stimmt hier nicht? – Lehrersicht

Herr Berger, Klassenlehrer einer siebten Klasse, beschreibt sein Problem: Die Schülerinnen und Schüler beteiligen sich nur äußerst zurückhaltend am Unterricht. Drei von vier Schülern verhalten sich bei Fragen und Klassengesprächen passiv. Eine Hand voll Schüler beteiligt sich, der Rest hört zu und antwortet auch nicht bei Nachfragen. Anfangs hat er die passiven Schüler immer wieder aufgefordert etwas zu sagen, jetzt lässt er sie in Ruhe. Diese Schilderung ist sehr konkret, Herr Berger hat sein Problem gut verständlich umrissen. Was aber kann er nun unternehmen, um die Situation zu verändern?

Nicht immer gelingt es auf Anhieb, ein Problem so klar zu definieren, dass gezielt interveniert werden könnte. So muss die Lehrkraft zunächst einmal genau erkennen, worin eine möglicherweise wahrgenommene „Unruhe" oder „Feindseligkeit" besteht, bevor sie einschätzen kann, welche Gegenmaßnahmen Erfolg versprechen.

Fünf unterschiedliche Vorgehensweisen zur Klärung eines Problems:

1.	Beschreibung des Problems

⬇

2.	Selbstreflexion

⬇

3.	Perspektivenwechsel

⬇

4.	Beobachtung

⬇

5.	Selbstbefragung

Beschreibung des Problems

Bericht aus dem leidvollen Alltag

Ich bin Geschichtslehrer, unter anderem im siebten Jahrgang. Fast jedes Mal, wenn ich den Klassenraum der 7b betrete, herrscht dort ein Durcheinander: Jean und Matthias, meist auch noch Alexander, laufen durch den Raum und rufen anderen lauthals etwas zu; auf einigen Tischen liegen Schals oder Kappen oder mehrere Federtaschen. Etliche der Mädchen beklagen sich heftig bei mir, ihnen seien bestimmte Sachen weggenommen und andere zugeworfen worden. Ich möge doch „die Jungen" auffordern, ihnen die Sachen zurückzugeben. Die drei Jungen – aufgefordert, ihr Verhalten zu erklären – erwidern immer dasselbe: Mareike (oder Julia, manchmal auch Wibke) hätten in der Pause „damit angefangen", nämlich ihnen die Federtasche oder die Kappe weggenommen und durch den Raum geworfen. Sie wollten überhaupt nur ihre Sachen wiederhaben. Um endlich mit der Klasse arbeiten zu können, bleibe ich demonstrativ vor den Tischen der drei Jungen stehen und sehe wortlos zu, wie die verschiedenen Gegenstände hin und her wandern. Es dauert fast fünf Minuten, bis die Tische in Ordnung gebracht sind, einigermaßen Ruhe eingekehrt ist und der Unterricht beginnen kann. Vereinzelte Streitereien flackern aber auch in den folgenden zehn Minuten wieder auf. Die anderen 24 Schülerinnen und Schüler beschränken sich in dieser Phase der Stunde darauf, ein paar Zurufe an die Adresse der drei beizusteuern („Du hast doch angefangen, Jean!" – „Matthias, jetzt tu nicht so unschuldig." – „Alexander hat da drüben nichts zu suchen.").Die Wahrscheinlichkeit ist groß, dass ich in der nächsten Geschichtsstunde eine ganz ähnliche Situation vorfinden werde. Was also kann ich tun?

Wie lässt sich der geschilderte Teufelskreis durchbrechen? Durch weitere Beobachtungen und durch klärende Gespräche könnte der Geschichtslehrer aus unserem Beispiel der Wechselwirkung von Aktion und Reaktion auf die Spur kommen, zurückliegende „Auslöser" wie etwa Animositäten oder Kontaktwünsche ermitteln und mit der Klasse zu einer Vereinbarung kommen: „So wollen wir künftig nach der Pause in den Unterricht starten."
Zunächst ist das Problem konkret zu beschreiben:

- Wie stellt sich die Gesamtsituation dar?
- Was ist konkret vorgefallen?
- Wer ist/war akut beteiligt/betroffen?
- Wer hat sich wie verhalten?

TIPP: Geben Sie nur eigene Beobachtungen wieder, damit Sie sich auf festem Boden bewegen. Verzichten Sie auf Vermutungen und Interpretationen, damit Ihr Gesprächspartner die Tatsachen (das Beobachtbare) vor Augen hat und zu einer eigenen Einschätzung kommen kann.

Selbstreflexion

Persönliche Gereiztheiten?

Woran liegt es eigentlich, frage ich mich, dass ich in der Klasse 7e viel mehr Gelassenheit und Humor entwickle als in der Parallelklasse, wenn doch die formalen Bedingungen sich kaum unterscheiden? Liegen mir in dieser Siebten noch „Altlasten" aus dem vorigen Schuljahr auf den Schultern? Regt mich der „Anführer" des Störtrupps vielleicht prinzipiell auf, weil ich seine ganze Art unsympathisch finde? Misstraue ich ihm? Wie stellt sich eigentlich der „nackte" Sachverhalt dar – und was mache speziell ich daraus?

Sie sollten unbedingt klären,

- worin Sie persönlich das Problem sehen,
- woran es liegen könnte, dass gerade dieser Punkt Sie so heftig trifft,
- ob diese Schwierigkeiten bereits seit längerem immer wieder einmal auftauchen,
- inwiefern Ihr eigenes Verhalten, Ihre Ansichten und Ihre Persönlichkeit zur belastenden Situation beigetragen haben könnten,
- ob Sie lediglich kurzfristig ein bestimmtes Ziel (welches?) erreichen möchten oder eine langfristige Lösung anstreben.

Perspektivenwechsel

Die dritte, relativ unaufwändige Diagnosehilfe besteht darin, sich gezielt um eine neue Sicht der Dinge zu bemühen:

- Versuchen Sie sich gedanklich in die Sichtweise der „anderen Seite" zu begeben.
- Verdeutlichen Sie sich – so weit dies möglich ist – deren Wahrnehmungsweise und Gefühlswelt.
- Konfrontieren Sie nun das Ergebnis mit Ihrer ursprünglichen Haltung und ziehen Sie daraus Konsequenzen.

Mit anderen Augen betrachtet

Der Mathematiklehrer hat eine Klassenarbeit zurückgegeben. Einer der Schüler, die eine Fünf erhalten haben, schaut aus dem Fenster, als der Lehrer ihn anspricht: „Hattest du Schwierigkeiten mit der Aufgabenstellung?" Der Lehrer denkt nach und versucht eine andere Deutung des „unhöflichen" Verhaltens, das der Schüler zeigt: Diese Arbeit ist ausschlaggebend für die Halbjahresnote gewesen; jetzt erhält Matthias auch insgesamt ein „Mangelhaft" in Mathematik. Das wird ihm zu schaffen machen. Vor den anderen steht er als Versager da. Es herrscht im Moment ja auch eine gedrückte Stimmung im Raum.

Dem Pädagogen fällt ein, dass er Matthias vor wenigen Wochen einen Oberstufenschüler als Nachhilfe empfohlen hat, der Junge wird nun enttäuscht sein, dass alles Bemühen vergeblich war. Ausgerechnet jetzt nach „Schwierigkeiten" gefragt zu werden, könnte auf den betroffenen Schüler ziemlich ironisch, wenn nicht sogar sarkastisch wirken.

> Vielleicht ist ihm die Note auf den Magen geschlagen und er muss sich erst einmal ablenken. Die Übungsphase vor der Klausur war diesmal kürzer als sonst; der Lehrer fragt sich, ob damit auch andere ihre Not gehabt haben mögen. Er beschließt, nach der Stunde ein Vier-Augen-Gespräch zu führen: „Mal hören, wie's ihm geht, vielleicht gelingt es, die unangenehme Sache gemeinsam etwas abzufedern."
>
> Danach ist ein Meinungsaustausch im Klassenverband dran: „Wie können wir unsere Vorbereitung auf Klassenarbeiten verbessern? Wie kommt ihr mit meinen Arbeitsaufträgen zurecht?"

Beobachtung

Einen möglichen anderen Schritt zur Bewältigung einer komplexen Situation oder zur Fortsetzung der Bemühungen nach der Problembeschreibung stellt die Beobachtung dar.

Anhaltspunkte für die Beobachtung

Nehmen wir an, Sie sind mit der mündlichen Beteiligung in einer Klasse nicht zufrieden. Um zu relativ „harten Daten" zu gelangen, können Sie

- das beobachtete Verhalten genauer charakterisieren, und zwar auf einer Skala von „beschäftigen sich massiv mit anderen Sachen" bis „wenden ihre Aufmerksamkeit deutlich dem Thema zu";
- den Geltungsbereich des Kritikpunktes fixieren: Gilt die Feststellung für einige – viele – fast alle? Für Mädchen gleichermaßen wie für Jungen?
- die Möglichkeit einer zeitlichen Eingrenzung prüfen: Erstreckt sich das Verhalten über mehrere (alle) Stunden des Vormittags?
- den Faktor „Lehrkraft" ins Auge fassen: Ist diese Haltung in mehreren (allen) Fächern dieser Klasse, in meinem Unterricht auch in anderen Klassen zu beobachten?
- die übrigen Leistungsbereiche in Augenschein nehmen: Was ist mit den Hausaufgaben? Wie sind die letzten schriftlichen Überprüfungen ausgefallen? Habe ich Ähnliches in Phasen der Stillarbeit (der Gruppenarbeit) erlebt?
- die Vergangenheit befragen: Waren die mündlichen und die schriftlichen Leistungen schon einmal deutlich besser? Wenn ja: Sind Ursachen dafür erkennbar?

- mit methodischen Zugriffen mehr Klarheit gewinnen: gezielt Notizen machen oder Strichlisten anfertigen;
- die Hilfe eines Beobachters in Anspruch nehmen; in Frage kommt zum Beispiel eine Kollegin oder ein Kollege, der Beratungslehrer, ein Schulpsychologe;
- am positiven Beispiel lernen: In welchem Fach (Sach-Orientierung) oder bei welcher Kollegin (Personen-Orientierung) läuft die mündliche Mitarbeit in dieser Klasse noch am ehesten zufrieden stellend?
- die Methode „Lernen durch Lehren" (bei der Schüler als Experten einen Stoff vermitteln) einführen und aufmerksam registrieren, wie die einzelnen Gruppen als Experten für bestimmte Themen Reaktionen der Mitschüler herbeiführen (zum Sprechen motivieren);
- von einer allgemeineren Fragestellung aus per Checkliste eine persönliche Bestandsaufnahme vornehmen, den Problempunkt herausfiltern und den Schülerinnen, Schülern als gemeinsam zu bearbeitendes Thema vorschlagen.

Selbstbefragung

Sie können sich aber auch mit Hilfe eines Fragebogens rasch Klarheit über Ihre eigene Situation verschaffen; ziehen Sie dazu das Material „Wie sehen Sie das Problem?" heran (CD-ROM).

Die Selbst- und Fremdeinschätzung des Verhaltens einer Person divergieren meist deutlich. Die Übereinstimmungen zwischen der eigenen Einschätzung des pädagogischen Handelns und der Schülereinschätzung sind im Durchschnitt gering. Die meisten Lehrer beurteilen überdies den eigenen Part deutlich positiver, als ihre Schüler dies tun. Manche Lehrer sind zwar relativ gute „Diagnostiker" ihres eigenen Verhaltens, aber auch sie haben häufig „blinde Flecken" – oft insbesondere bezüglich ihrer Problembereiche in der Interaktion mit den Schülerinnen und Schülern.

Die Sicht der Schüler – vor allem wenn man die Klassenmittelwerte als Grundlage verwendet – stimmt erfahrungsgemäß durchaus mit der Wahrnehmung neutraler Beobachter überein. Insgesamt betrachtet, scheint es für Lehrer (aber sicher nicht nur für diese) schwierig zu sein, ihr eigenes Verhalten realitätsnah einzuschätzen. Deshalb ist eine Befragung der Schülerinnen und Schüler von zentraler Bedeutung.

Baustein 2: Wie seht ihr die Situation? – Schülersicht

Im nächsten Schritt geht es nun darum, die Sichtweise der Schüler zu ermitteln. Um der Frage auf den Grund zu gehen, warum sich viele Schüler nicht am Unterricht beteiligen, entscheidet sich der Lehrer, eine schriftliche Befragung durchzuführen. Doch wie kann er dabei vorgehen? Inwieweit muss er die Schüler in seine Ziele einweihen? Wie bringt er die Klasse dazu, ehrlich zu antworten? Und wie sind die Umfragen anzulegen und auszuwerten?

Viele Lehrkräfte haben noch keine Erfahrungen damit sammeln können, die direkte Rückmeldung von Schülerinnen und Schülern zu Fragen der Unterrichtsgestaltung und des Umgangs miteinander einzuholen. Wir beschreiben deshalb diesen Aspekt ausführlich und gehen auch auf „Risiken und Nebenwirkungen" ein.

Zunächst stellen wir eine Übersicht über die Kernbereiche vor, zu denen die Schüler eine Rückmeldung geben können. Wenn Schüler-Feedback auf die Verbesserung der Arbeit und der Arbeitsbeziehungen in der Schule zielt, soll es sich auf Bereiche konzentrieren, die dafür besonders relevant sind und vom Lehrer beziehungsweise der Schule auch beeinflusst werden können.

Kernbereiche der Schülerrückmeldungen	
Unterrichtsklima	Fürsorglichkeit des Lehrers, Vertrauen, Unterrichtszufriedenheit, Hilfsbereitschaft, produktive Arbeitsruhe, pädagogisches Engagement der Lehrer, klare Worte über die Erwartungen, Rücksichtnahme ...
Arbeits- und Lernverhalten	Feedbackkultur, Verantwortung für das eigene Lernen, Unterstützung kooperativer Arbeitskultur und gemeinsamer Problemlösungen, Möglichkeit aus Fehlern zu lernen, effektive Nutzung der Lern-/Unterrichtszeit, individuelle Unterstützung ...
Unterrichts- inhalte	Angemessenheit des Schwierigkeitsgrades, Bedeutung der Lerninhalte und -ziele, Zusammenhang der Inhalte zeigen, Gelerntes in Echtsituationen anwenden, sinnstiftende Kontexte bieten, stimmiges Gesamtkonzept der Unterrichtsziele und -zwecke entwickeln ...

Absprachen	Einigkeit über Erwartungen, klare Regeln, formulierte Ziele, Leistungsorientierung der Schule; Einhalten von Vereinbarungen, Betonung kooperativen Lernens ...
Ergebnisse, Wirkungen	Kontrollierte Beobachtung und Begleitung der Lernfortschritte der Schüler, regelmäßige Überprüfung der Lernergebnisse und Leistungen sowie deren Dokumentation (auch: Hausaufgaben) ...
Lernen	Förderndes Lernen; gründliches, schrittweises Lernen, Einplanen anschaulicher Ausgangsorientierungen (Advance Organizers), adäquates Material, angemessene Lernumgebung, Übungsmöglichkeiten, Betonung von Lernen als Zentrum des Unterrichts, Übertragbarkeit von Lernstrategien, Einbindung des Lernens in Sinn stiftende Zusammenhänge, Trennung von Lern- und Leistungssituationen ...
Arbeitsformen, Methoden	Ausbalancierung der einzelnen Grundformen (zum Beispiel Projektarbeit statt vom Lehrer gesteuerte Arbeit), Lernen in Teams und Gruppen; Variabilität der Arbeitsformen, Methodenbewusstsein bei Schülern, variationsreiches Üben und Wiederholen, Zeit zum Lernen, bei Frontalunterricht systematische Präsentation zentraler Merkmale/Inhalte; Fragen verwenden, die auf eine längere, strukturierte Beschäftigung zielen ...
Interaktion	Vielfalt der Interaktion: Verständigung mit Einzelnen, mit Gruppen und mit der ganzen Klasse; gemeinsame Planung und Umsetzung von Unterrichtsvorhaben, Intensität der Interaktion
Selbstwirksamkeit	Aus eigener Anstrengung arbeiten; bei Schwierigkeiten durchhalten; Anstrengungshöhe richtig bemessen; schwierige Situationen angehen, Selbstvertrauen aufbauen, erarbeitete Lösungen auf neue Probleme übertragen (anwenden) ...

| pädagogischer Bezug | Pädagogischer Takt, Verbindlichkeit der Sprache im Unterricht, Achtung des Kindes, weitgehende Zurückhaltung des Lehrers, die große Bedeutung der Lehrer-Schüler-Beziehung im Auge behalten ... |

(nach BURKARD/EIKENBUSCH/EKHOLM 2003)

Neben der Auswahl von Bereichen ist festzulegen, was genau man jeweils wissen will. Burkard/Eikenbusch/Ekholm (2003) unterscheiden neun Untersuchungsperspektiven.

Was will ich mithilfe eines Schüler-Feedbacks in Erfahrung bringen?

Neun Untersuchungsperspektiven	
Bestandsaufnahmen	Was geschah im Bereich ...? Wie lief ... ab?
Kontexte analysieren	Unter welchen Bedingungen wurde ... (nicht) erreicht?
Vergleiche vornehmen	Welche Unterschiede gibt es zwischen ... und ...?
Ergebnis/Erfolg überprüfen	Was wurde gelernt/erreicht?
Meinungen, Ansichten sammeln	Wie wurde ... von den Schülern wahrgenommen? Wie zufrieden sind sie mit ...?
Prozesse reflektieren	Wie verliefen die Arbeits- und Lernprozesse bei ...?
Ideen, Vorschläge sammeln	Welche Alternativen sehen Schüler für ...?
Transfer/Konsequenzen planen	Welche Folgen hatte ... bei anderen Aufgaben/für die Arbeit? Welche Konsequenzen sind zu ziehen?
Erfahrungen reflektieren	Was haben die Schüler über das Lernen im Zusammenhang mit ... erkannt?

(nach BURKARD/EIKENBUSCH/EKHOLM 2003)

Professionell handeln: Schüler-Feedback nutzen

Die von vielen Kollegien inzwischen bevorzugte Vereinbarungskultur als Bestandteil der Schulentwicklung kann auf Rückmeldungen der Schülerinnen und Schüler nicht verzichten. Um von den Vorzügen dieses Instruments uneingeschränkt zu profitieren empfiehlt es sich, unerwünschte, verzerrende Nebeneffekte zu analysieren und zu vermeiden. In der Fachliteratur zu diesem Thema wird die Aussagekraft von Schüler-Rückmeldungen mit den folgenden Hinweisen relativiert:

▨ Schüler und Schülerinnen beurteilen Vorgänge und Sachverhalte des Schulalltags sowie Verhaltensweisen von Lehrkräften eher spontan und unreflektiert (sie sind ja keine ausgebildeten pädagogischen Fachkräfte).

▨ Die Stellungnahmen orientieren sich im Normalfall auch nicht an gemeinsam erstellten, sachdienlichen Kriterien.

▨ Möglicherweise gründen die Antworten einiger Schülerinnen und Schüler auf der Vermutung, der Lehrer wolle etwas Bestimmtes (nicht) hören.

▨ Da die Wahrnehmung desselben Sachverhalts sich individuell stark unterscheidet, muss man mit negativen Übertreibungen, aber auch mit Beschönigungen rechnen; bei den Angaben handelt es sich also zum Teil um so genannte weiche Daten.

▨ Auch die inneren Werte-Kataloge der unterschiedlichen Cliquen und Freundesgruppen können während der Befragung Einfluss gewinnen („Ich gucke mal, was meine Freundin geantwortet hat.").

▨ Die Ergebnisse sind eventuell durch die Beliebtheit beziehungsweise Unbeliebtheit einer Lehrkraft eingefärbt.

Diese Einschränkungen können mit Gelassenheit einkalkuliert werden, wenn das Interesse der Lehrkraft auf die Weiterentwicklung der Unterrichtsgestaltung oder auf die Entwicklung der Klasse zu einer erfolgreichen Lerngemeinschaft gerichtet ist. Geht es dagegen um die Ermittlung der Unterrichtsqualität – zum Beispiel in bestimmten Fächern –, stellen Schüler-Rückmeldungen ein notwendiges, aber allein nicht hinreichendes Instrument dar. Die tatsächlich erreichten Lernergebnisse, die Noten aus Vergleichsarbeiten und weitere relativ harte Fakten sollten als Ergänzung hinzutreten.

Wie häufig in der Pädagogik zu beobachten, steht auch die Aktion „Feedback einholen" in der Gefahr, durch engagierte, aber nicht genügend reflektierte „Probeläufe" zu einem rein äußerlichen, rasch ritualisierten Vorgang zu werden, vor allem mit Hilfe vorgefertigter Fragebögen.

Mit einem lachenden und einem weinenden Auge nimmt man zur Kenntnis, dass

▨ Muster-Fragebögen mittlerweile in großer Zahl zur Verfügung stehen,

▨ geeignete Fragenkataloge schon seltener sind (vgl. Material 2, S. 38),

▨ die Anpassung eines Musters an die spezifischen Gegebenheiten der eigenen Situation viel Arbeit erfordert und Mühe macht,

▨ die Auswertung ebenfalls Kraft und Zeit beansprucht,

▨ vor allem aber die Umsetzung in die Praxis, die spätere Überprüfung des Erfolgs und die eventuell nötig werdende Neu-Justierung der veränderten Struktur eine enorme Herausforderung darstellen, weil diese Maßnahmen neben dem üblichen Tagesgeschäft mit langem Atem realisiert werden müssen.

Auch hier gilt also das Prinzip „Das Mittel folgt dem Zweck". Bevor man den Schülern Fragen stellt oder sie gar einen vorgefertigten Bogen ausfüllen lässt, steht die Erkundung der eigenen Position und der Situation in dieser ganz speziellen Schule (Klasse) im Vordergrund: Von welchem Hintergrund aus wünschen wir uns Rückmeldungen der Schülerinnen und Schüler? Was wollen wir mit den Ergebnissen anfangen?

Bei der Durchführung des Feedbacks sollte man

❑ *den Zeitpunkt richtig wählen*: mit einigem zeitlichen Abstand von Klassenarbeiten, nicht am letzten Schultag vor den Ferien, nicht als Lückenfüller zwischen vermeintlich Wichtigerem;

❑ *das Klima in der Klasse berücksichtigen*: Es ist wenig ratsam, ein Feedback einzuholen, wenn gerade ein Konflikt in der Klasse schwelt;

❑ *die Methoden anpassen*, ohne Perfektionismus zu betreiben: Gute Methoden sind wichtig, aber keine Garantie für den Erfolg;

❑ *die Bereitschaft der Beteiligten erkunden*: Ein Schüler-Feedback sollten Sie nur dann einholen, wenn zu erwarten ist, dass die Sache ernst genommen wird;

❑ *schlanke Verfahren wählen*: Ein Feedback darf keine aufwändigen Arbeitsgänge erfordern; die eingesetzten Verfahren sollten den Beteiligten unmittelbar verständlich sein.

Ein Beispiel für einen bewährten Musterfragebogen ist der so genannte „Linzer Diagnosebogen zur Klassenführung" (LDK). Hier abgedruckt finden Sie eine Zusammenfassung der Fragen, die im Internet auch auf verschiedene (österreichische) Schultypen zugeschnitten zu finden sind: www.ph-linz.at/staff/maj/index_ldk.htm. Eingehende Tipps für die Anwendung des LDK finden sich in LOHMANN (2003).

Für die Auswertung dieses Fragebogens sind einige Hinweise nützlich:

1. Erläutern Sie den Schülern, was Sie vorhaben und warum Ihnen die Rückmeldungen wichtig sind. Falls Sie in dieser Klasse verschiedene Fächer unterrichten, sollen die Schüler bei der Beantwortung nur an eines dieser Fächer denken – und zwar an jenes, das Sie ihnen vorgeben.
2. Sichern Sie den Schülern Anonymität zu und gewährleisten Sie diese auch.
3. Ist einem Schüler ein Satz unklar, soll er ihn auslassen.
4. Während die Schüler den Fragebogen ausfüllen (alternativ: vorher zu Hause), schätzen Sie Ihr Verhalten in dieser Klasse und in diesem Fach selbst auf einem eigenen Fragebogen ein.
5. Werten Sie die Schülerantworten aus, indem Sie bei jeder Frage den Mittelwert aus den Einschätzungen aller Schüler berechnen.
6. Tragen Sie diese Mittelwerte und Ihre Selbsteinschätzung in den Fragebogen (S. 38) ein. Dadurch haben Sie die Möglichkeit, Ihre Selbsteinschätzung und die Schülereinschätzungen zu vergleichen.
7. Meist möchten die Schüler die Ergebnisse der Befragung erfahren. Im Allgemeinen wird es sinnvoll sein, ihnen diese mitzuteilen und mit ihnen darüber zu reden.

 TIPP: Einen weiteren Fragebogen finden Sie auf der CD-ROM (Material 3: „Fragebogen II zur Klassensituation").

Fragebogen I zur Klassensituation

Bewerte zwischen 5 (= stimmt) bis 1 (= stimmt nicht), inwieweit die Aussagen
auf den/die Lehrer/in _____ □,
auf dich/deine Klasse □ zutreffen.

Unterricht gestalten

	5	4	3	2	1
Sie/Er kann sehr viel in ihrem/seinem Fach.	□	□	□	□	□
Sie/Er beginnt jede Stunde freudig und zuversichtlich.	□	□	□	□	□
Sie/Er gliedert die Unterrichtsstunde in Abschnitte, die gut aufeinander abgestimmt sind.	□	□	□	□	□
Bei ihr/ihm wissen wir genau, was wir zu arbeiten haben.	□	□	□	□	□
Sie/Er unterrichtet interessant.	□	□	□	□	□
Was wir bei ihr/ihm lernen, bringt auch etwas für mein späteres Leben.	□	□	□	□	□
Wenn sie/er etwas verspricht oder ankündigt, dann hält sie/er das auch ein.	□	□	□	□	□

Beziehungen fördern

Sie/Er tut vieles, damit wir eine gute Klassengemeinschaft werden.	□	□	□	□	□
Wir reden mit ihr/ihm auch über den Unterricht und über die Klasse.	□	□	□	□	□
Sie/Er versucht uns auch dann zu verstehen, wenn wir ihr/ihm einmal Schwierigkeiten machen.	□	□	□	□	□
Sie/Er ist zu uns offen und ehrlich.	□	□	□	□	□
Ich glaube, sie/er mag uns.	□	□	□	□	□
Sie/Er ist ausgeglichen und humorvoll.	□	□	□	□	□
Sie/Er lässt uns vieles selbst entscheiden.	□	□	□	□	□

*Dieser Fragebogen findet sich vollständig auf der CD-ROM,
hier ist die Darstellung gekürzt.*

Mit freundlicher Genehmigung der Pädagogischen Akademie der Diözese Linz, Prof. J. Mayr,
unter folgender Internetadresse: www.ph-linz.at/staff/maj/index_ldk.htm
© Cornelsen Verlag Scriptor, Berlin – Erziehen – Themenband: Die Selbstdisziplin stärken – das Klassenklima entwickeln
Quelle: www.padl.ac.at

Baustein 3: So sieht's aus – Perspektiven gegenüberstellen

Ein Feedback-Verfahren kann an den Tag bringen, dass die Einschätzung der Klasse und die des Lehrers weit auseinander klaffen. Die Beantwortung ergibt: Die Schüler kritisieren vor allem, dass ihre Mitschüler lachen und abfällige Bemerkungen machen, wenn jemand eine falsche Antwort gibt. Während der Lehrer die geringe Beteiligung im Vordergrund sieht, sind die abfälligen Bemerkungen das Hauptproblem der Schüler.

Um die Sichtweise der Schüler mit der des Lehrers zu vergleichen, orientiert sich dieser an folgenden Fragen:

- Sehen die Schüler das Problem genauso wie der Lehrer?
- Unterscheiden sich die Schüler in ihrer persönlichen Sicht eines Problems voneinander?
- Haben die Schüler Probleme, die in einem Zusammenhang mit der Lehrersicht und dem Lehrerproblem stehen könnten?
- Wie verhält sich der Lehrer aus der Sicht der Schüler?
- Gibt es wichtige Gruppierungen in der Klasse, die unterschiedlicher Meinung sind?

Diagnose von Unterrichtsstörungen

Weitere Schritte zum Verständnis von Unterrichtsstörungen erfordern ein Erfassen des Sachverhaltes jenseits pauschaler Wahrnehmungen und vorgefasster Interpretationsmuster.

Unterrichtsstörungen verstehen

Lässt sich die jeweilige Unterrichtsstörung eingrenzen?
Formen von Unterrichtsstörungen können sein:

- Verstöße gegen die in der Klasse oder in der Schule geltenden Regelungen; Provokationen,
- akustische oder visuelle Dauerstörungen,
- Störungen aus dem Außenbereich des Unterrichts,
- Lernverweigerung und Passivität.

Auf welcher Ebene wird die Störung als solche definiert?

- Ausschließlich vom Lehrer her?
- Ausschließlich von den Schülern her?
- Vom beeinträchtigten Lehr- und Lernprozess her?

Lassen sich Störungsrichtungen ausmachen?

- **Personale** Richtungen:
  Schüler – Schüler, Schüler – Lehrer,
  Lehrer – Schüler, Lehrer – Lehrer;
- **objektive** Richtungen:
  Objekt – Schüler, Schüler – Objekt, Objekt – Lehrer, Lehrer – Objekt;
- **abstrakte** Richtungen:
  Norm – Schüler, Schüler – Norm, Norm – Lehrer, Lehrer – Norm.

Lassen sich Störungsfolgen beobachten oder vermuten?

Zum Beispiel:
- Kurze Stockung,
- längere Unterbrechung,
- hartnäckige Blockade,
- allgemeine Verstimmung,
- neuerliche Störungen,
- körperliche oder psychische/soziale Schädigungen,
- Rückwirkungen auf die Lehrinhalte,
  Lehrmethoden, Beziehungen u. a.,
- sonstige Störungsfolgen.

Liegen die Ursachen vorwiegend im schulisch-unterrichtlichen Zusammenhang?

- Im lehrerzentrierten, verbal betonten Unterrichtsstil,
- im angstbesetzten Schulalltag,
- in ‚geheimen‘ Lehrstrategien,
- in schulorganisatorischen Schwierigkeiten,
- wo vielleicht sonst?

> Liegen die Ursachen vorwiegend im psychisch-sozialen
> Zusammenhang?
>
> ▓ Beim Schüler (organische, psychische, soziale Dimension),
> ▓ beim Lehrer (organische, psychische, soziale Dimension),
> ▓ in der Lehrer-Schüler-Interaktion,
> ▓ im familiären Hintergrund der Schüler,
> ▓ in der Wirkung von Gruppenzwängen,
> ▓ in gesellschaftlichen Widersprüchen,
> ▓ wo vielleicht sonst?

Abschließend fassen wir die entscheidenden Punkte noch einmal in knapper
Form zusammen:
▓ Wie sind die Sichtweisen der Beteiligten?
▓ Welche Gefühle sind bei ihnen im Spiel?
▓ Beeinflusst das Problem das Selbstbild der Beteiligten?
▓ Kann eine gemeinsame Problemdefinition vorgenommen werden?
▓ Ein Gespräch in Gang bringen („Wer den ersten Knopf verfehlt, kommt mit
dem Ankleiden nicht zurecht"): Darstellung des Problems in einer Form,
die für beide Seiten akzeptabel („wahr") ist.
▓ Zur gemeinsamen Problemdefinition einladen.
Ziel: Beschreibung, nicht Bewertung eines Problems.

Baustein 4: Wie soll's sein?
Was wollen wir erreichen?

Bleiben wir in unserem Beispiel: Herr Berger, der Klassenlehrer, akzeptiert
das Problem seiner Schüler, nämlich Auslachen, als vorrangig. Dies soll abgestellt werden. Er hofft, dadurch auch seinem Anliegen, die Beteiligung im
Unterricht näher zu kommen. Gemeinsam mit den Schülern unterteilt er das
angestrebte Ziel in drei Teilziele:
▓ Die Schüler sollen lernen, Fehler zu riskieren.
▓ Kränkende Bemerkungen sollen zurückgewiesen werden.
▓ Der Lehrer unterstützt die Schüler beim Zurückweisen abfälliger Bemerkungen.

Ein guter Anfang!

Ist ein unerwünschter Zustand, eine unliebsame Situation als Ausgangspunkt der gemeinsamen Bemühungen umrissen, dann fragt sich, wohin die Reise gehen soll. Klasse und Lehrer sollten gemeinsam überlegen, welches Ziel anzusteuern ist. Oft hat jeder Einzelne ein Ziel im Kopf, das aber nicht offen mitgeteilt, sondern als Selbstverständlichkeit vorausgesetzt wird. Ein gemeinsames Ziel sollte die Bedürfnisse aller Beteiligten berücksichtigen, indem die von den Schülern und dem Lehrer genannten Probleme einbezogen werden. Hierbei ist die Grundüberlegung ausschlaggebend, dass die erwähnten Schwierigkeiten nichts anderes sind als unbefriedigende Zustände. Diese abstellen zu wollen kann ein Motiv sein, das alle Beteiligten ins Boot holt. Ein positiver Nebeneffekt: Äußere Verstärker sind nicht mehr nötig, wenn Probleme der Schüler ebenso verringert werden wie Probleme des Lehrers. Das Ziel wird ja von allen gemeinsam festgelegt.

So sollen Ziele sein: SMART

S: simpel	Wählen Sie knappe, konkrete, präzise Angaben (zugleich gilt: s = schriftlich; schreiben Sie Ihr Ziel auf, so wird es verbindlicher).
M: messbar	Legen Sie die Kriterien fest, an denen sich ablesen lässt, ob Sie Ihre Ziele erreicht haben.
A: attraktiv	Entdecken Sie das persönlich Reizvolle an der Zielsetzung, räumen Sie innere Einwände aus, die klammheimlich das Projekt scheitern lassen können.
R: realisierbar	Formulieren Sie Ihr Ziel auf der Grundlage Ihrer derzeitigen Fähigkeiten (Möglichkeiten), Kenntnisse und Informationen.
T: terminiert	Fixieren Sie einen Endtermin, an dem Sie das Vorhaben abgeschlossen haben wollen; ein gewisser Zeitdruck wirkt sich hilfreich aus.

TIPP: Nutzen Sie die Sogwirkung einer Deadline, eines fest vereinbarten Schlusstermins. Tragen Sie Zwischentermine und den Endpunkt des Projekts in Ihren Kalender ein und sprechen Sie mit den Schülern darüber. So behalten Sie in der Hektik des Tagesgeschehens den Überblick, setzen auch in arbeitsintensiven Phasen die richtigen Prioritäten und profitieren optimal von Ihren Fähigkeiten.

An einem Strang ziehen: mit den Schülern Kriterien für einen guten Unterricht ermitteln

Ob es um die „passende" Musik oder das „beste" Auto geht: Ein Urteil über die Qualität der betreffenden Sache ist wegen der individuellen Neigungen schon bei relativ überschaubaren Verhältnissen nicht einfach. Umso schwerer fällt die Antwort, was eigentlich guten Unterricht ausmacht.

Hans Haenisch, leitender Regierungsdirektor am Landesinstitut für Schule und Weiterbildung NRW, hat in einem Aufsatz den aktuellen Forschungsstand zu der Frage „Was ist guter Unterricht?" zusammengefasst. Die Kernpunkte dieser Veröffentlichung stellen wir in einer Mind-Map vor.

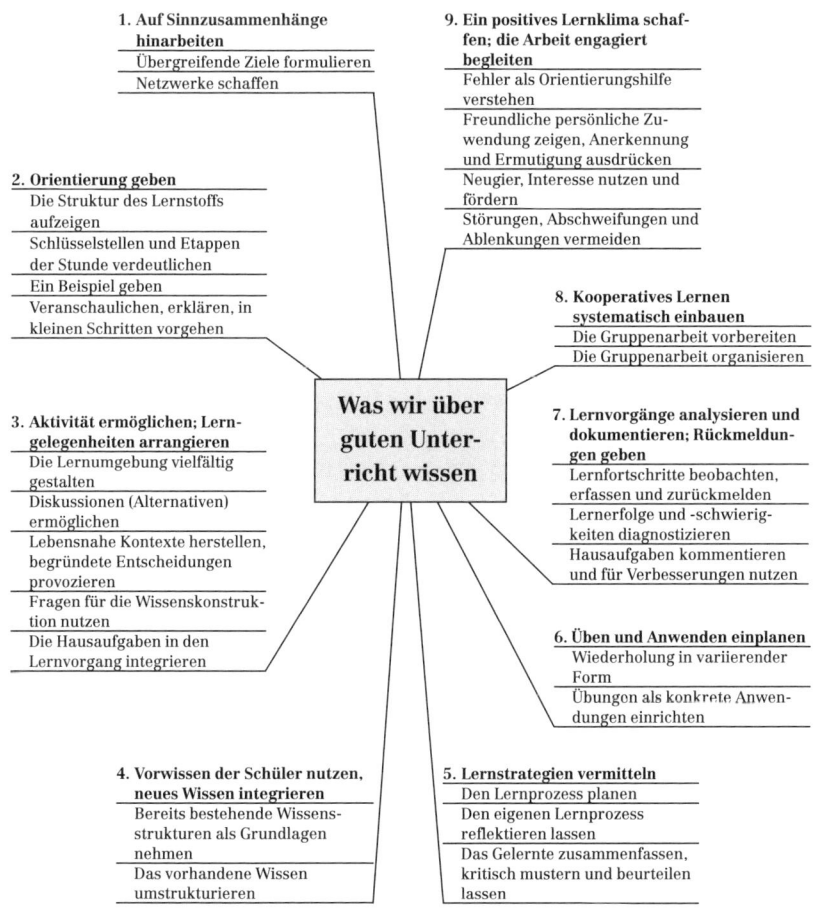

1. Auf Sinnzusammenhänge hinarbeiten
   Übergreifende Ziele formulieren
   Netzwerke schaffen

2. Orientierung geben
   Die Struktur des Lernstoffs aufzeigen
   Schlüsselstellen und Etappen der Stunde verdeutlichen
   Ein Beispiel geben
   Veranschaulichen, erklären, in kleinen Schritten vorgehen

3. Aktivität ermöglichen; Lerngelegenheiten arrangieren
   Die Lernumgebung vielfältig gestalten
   Diskussionen (Alternativen) ermöglichen
   Lebensnahe Kontexte herstellen, begründete Entscheidungen provozieren
   Fragen für die Wissenskonstruktion nutzen
   Die Hausaufgaben in den Lernvorgang integrieren

4. Vorwissen der Schüler nutzen, neues Wissen integrieren
   Bereits bestehende Wissensstrukturen als Grundlagen nehmen
   Das vorhandene Wissen umstrukturieren

5. Lernstrategien vermitteln
   Den Lernprozess planen
   Den eigenen Lernprozess reflektieren lassen
   Das Gelernte zusammenfassen, kritisch mustern und beurteilen lassen

6. Üben und Anwenden einplanen
   Wiederholung in variierender Form
   Übungen als konkrete Anwendungen einrichten

7. Lernvorgänge analysieren und dokumentieren; Rückmeldungen geben
   Lernfortschritte beobachten, erfassen und zurückmelden
   Lernerfolge und -schwierigkeiten diagnostizieren
   Hausaufgaben kommentieren und für Verbesserungen nutzen

8. Kooperatives Lernen systematisch einbauen
   Die Gruppenarbeit vorbereiten
   Die Gruppenarbeit organisieren

9. Ein positives Lernklima schaffen; die Arbeit engagiert begleiten
   Fehler als Orientierungshilfe verstehen
   Freundliche persönliche Zuwendung zeigen, Anerkennung und Ermutigung ausdrücken
   Neugier, Interesse nutzen und fördern
   Störungen, Abschweifungen und Ablenkungen vermeiden

Was wir über guten Unterricht wissen

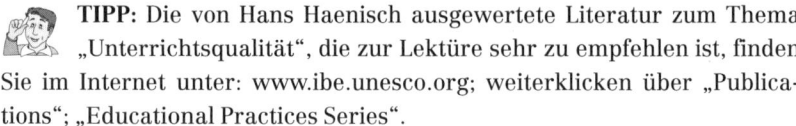 **TIPP:** Die von Hans Haenisch ausgewertete Literatur zum Thema „Unterrichtsqualität", die zur Lektüre sehr zu empfehlen ist, finden Sie im Internet unter: www.ibe.unesco.org; weiterklicken über „Publications"; „Educational Practices Series".

Trotz dieser klaren Forschungsergebnisse laufen im Schulalltag die Vorstellungen darüber, was die gute Schule und den erfolgreichen Unterricht im Detail ausmacht, bei den beteiligten Gruppen – Kollegien, Eltern, Schülerinnen und Schüler, Ministerien – häufig weit auseinander. Lehrpläne und Richtlinien beschreiben zwar inhaltliche und methodische Einzelheiten eines guten Unterrichts, geben aber in der Regel kaum Auskunft über Details der pädagogischen Alltagsarbeit. Verbindliche, den jeweiligen Rahmenbedingungen gut angepasste Qualitätsmaßstäbe müssen also in den Schulen selbst entwickelt und in Kooperation zwischen Schülern und Lehrern stetig überprüft und verbessert werden.

Übung: Was ist guter Unterricht?

Diese Übung bringt die Vorstellungen der Schülerinnen und Schüler von einem guten und erfolgreichen Unterricht ins Gespräch. Sie stellt auch Kriterien bereit, die einem Schüler-Feedback zugrunde gelegt werden können.

Durchführung: Die Schülerinnen und Schüler bilden Vierergruppen. Jede Gruppe erhält Material 4 „Was ist zu tun?" (S. 45) und einen großformatigen Bogen.

Die Gruppen setzen sich jeweils an einen Tisch, malen ein Rechteck in die Mitte des Plakates und fügen vier äußere Kreise hinzu (einen je Schülerin oder Schüler). Zunächst schreibt jeder in Einzelarbeit (zirka 10 bis 15 Minuten) in seinen Kreis alle Aspekte, die für ihn guten Unterricht ausmachen. Danach bekommen die Gruppen den Auftrag, sich auf sechs bis acht Bereiche zu einigen, die aus gemeinsamer Sicht die wichtigsten sind. Diese werden dann mit Filzschreiber in den mittleren Kreis eingetragen.

Anschließend werden die Plakate im Klassenraum ausgestellt. Jede Gruppe soll herausfinden, welche Übereinstimmungen und Unterschiede es zwischen dem eigenen Ergebnis und dem der anderen Gruppen gibt. Man kann nun die am häufigsten genannten Bereiche zusammentragen und diese den sechs bis acht wichtigsten Merkmalen eines guten Unterrichts aus Sicht der Lehrkraft gegenüberstellen.

TIPP: Sie können eine solche Auswertung auch von denjenigen Kollegen und Kolleginnen vornehmen lassen, die in der Klasse unterrichten, mit der Sie gerade arbeiten wollen. Diese Ergebnisse lassen sich ebenfalls denen der Schülerinnen und Schüler gegenüberstellen, sofern die Kollegen diesem Vorhaben zustimmen.

Fragestellungen für die gemeinsame weitere Arbeit:
- Wo gibt es Unterschiede und Gemeinsamkeiten zwischen den Positionen der Lehrkräfte und denen der Schülerinnen, Schüler?
- Auf welche Merkmale können wir uns gemeinsam einigen?
- Wie können wir in unserer Klasse überprüfen, ob die ermittelten Merkmale „ins Schwarze treffen"?

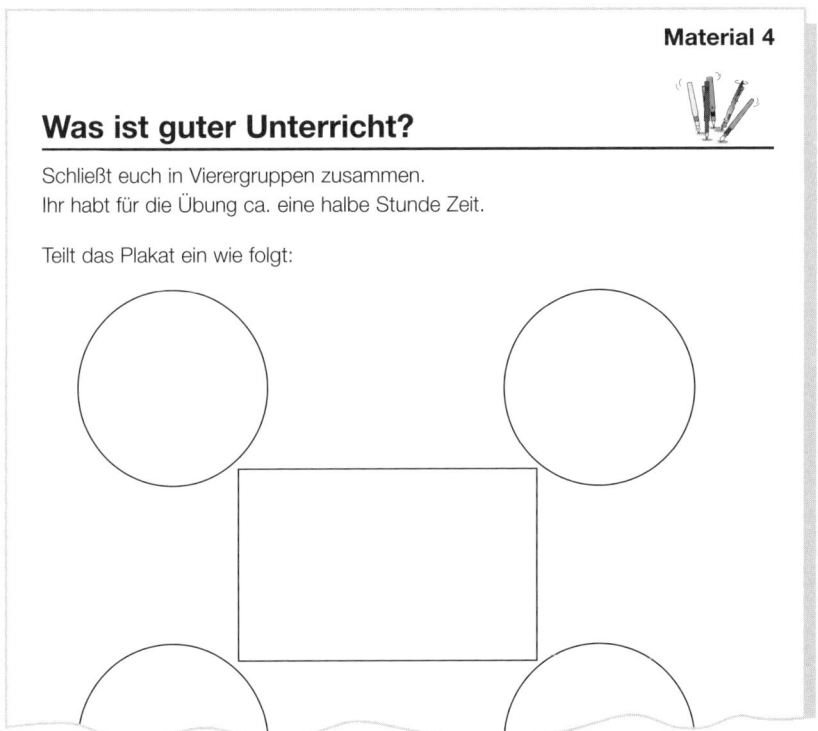

Material 4

Was ist guter Unterricht?

Schließt euch in Vierergruppen zusammen.
Ihr habt für die Übung ca. eine halbe Stunde Zeit.

Teilt das Plakat ein wie folgt:

Das vollständige Material finden Sie auf der CD-ROM.

Baustein 5: Das ist unser Plan

Selbststeuerung verbietet starr vorgegebene Anordnungen von oben und lässt den Wert einer partnerzentrierten Kommunikation zwischen Klasse und Lehrer hervortreten. Will eine Lehrerin, ein Lehrer unerwünschtes Verhalten einschränken und schließlich unterbinden, bieten sich generell drei methodische Zugriffe an:

■ **Informieren:** Was gilt hier im Klassenzimmer? (Poster z.B. mit Verhaltensregeln, Schulordnung). Was ist im Moment zu beachten? (Info-Tafeln mit Hinweisen, z.B. Partnerarbeit, Freiarbeit, Referat, Diskussion). Neben der skeptischen Frage, ob es gemeinsame Leitlinien überhaupt noch gibt, muss geprüft werden, ob nicht doch Selbstverständlichkeiten im Spiel sind – die aber nicht mehr transparent gemacht werden, sondern als stillschweigende Erwartung im Raum stehen. Die Enttäuschung ist groß, wenn Schüler diesen hintergründigen Bezugspunkten auf die Schliche kommen;

■ **Konzipieren und Praktizieren:** Neues Verhalten erörtern, einüben und durch Wiederholung „automatisieren" (Rollenspiel, Gegenüberstellung konträren Verhaltens, Absprachen und Vereinbarungen);

■ **Verstärken:** Das Erreichen festgelegter Ziele wird positiv verstärkt (Belohnungssystem), allerdings nur in einem begrenzten Zeitraum und mit geringem materiellem Aufwand.

TIPP: Vereinbarungen in Form von Verhaltensregeln sollten erst nach gründlicher Diskussion und sorgfältigem Abwägen im Klassenraum ausgehängt werden, zum Beispiel als Poster mit der Überschrift „Der Lehrer achtet auf Folgendes: ..." und „Die Schüler halten folgende Regeln ein: ..."

Selbstbeobachtungsbogen

Verstöße gegen Vereinbarungen notieren die Schülerinnen und Schüler auf einem Selbstbeobachtungsbogen.

Nehmen wir unser Beispiel: Viele Schüler sind im Unterricht zu passiv. In der ersten Woche notieren die Mädchen und Jungen drei Situationen:

◯ = Ich habe mich gemeldet und bin aufgerufen worden. Kein Mitschüler hat eine abfällige Bemerkung gemacht.

| = Ich habe mich gemeldet und bin aufgerufen worden. Ein Mitschüler hat eine abfällige Bemerkung gemacht.

⊘ = Ich habe mich gemeldet und bin aufgerufen worden. Ein Mitschüler hat eine abfällige Bemerkung gemacht. Ich habe die Bemerkung zurückgewiesen.

Diese drei Symbole trägt jeder eine Woche lang in seinen Selbstbeobachtungsbogen ein.

Stunde	Montag	Dienstag	Mittwoch	Donnerstag	Freitag
1.	⊘O |	| |	⊘ ⊘	⊘	O
2.	O |	⊘	⊘ O	| |	⊘ |
3.	| |	O	⊘	⊘	| |
4.	⊘	| |	| |	O	⊘
5.	⊘	⊘	O	⊘ ⊘	| |
6.	⊘	| |	O	| |	O

Jeweils freitags wird die Gesamtzahl der erreichten Zielvereinbarungen oder der Regelverletzungen ermittelt und in ein großes Schaubild eingetragen. Sinkt die Zahl der Verstöße, gibt es eine Belohnung für die ganze Klasse. Die Lehrerin, der Lehrer kann auch – orientiert am Wochenergebnis – einen Zielwert für den nächsten Durchgang oder für einen größeren Zeitraum festlegen.

Fortschritte und Misserfolge sollten möglichst unmittelbar dokumentiert und zurückgemeldet werden. Ein detaillierter Zeitplan gibt Orientierung, macht allen die eigenen Erwartungen und Vermutungen bewusst und regt zur Modifikation an, sobald sich Fehlschläge zeigen. Wenn das Ganze erst zu scheitern droht, richten Korrekturen womöglich nicht mehr viel aus.

Hier ein Beispiel für die Verlaufsplanung.

- Woche 1 nach Abschluss der Vereinbarung: Bewährungsprobe für die Selbstbeobachtungsbögen,
- Woche 2 und folgende: Verringerung der Regelverstöße, zum Beispiel Herunterfahren der diskriminierenden Äußerungen auf den Zielwert 20 pro Woche,
- nach einem dreiwöchigen Abschnitt, in dem diese Messzahl tatsächlich erreicht wurde: eine Belohnung für die ganze Klasse.
- Danach folgt ein weiterer dreiwöchiger Abschnitt, der die aufgebauten neuen Verhaltensweisen stabilisiert.

Das Datenmaterial liefern die Selbstbeobachtungsbögen der Schüler; die Werte müssen im Großen und Ganzen mit den Einschätzungen der Lehrkraft übereinstimmen.

Weitere Materialien für die Selbstbeobachtung der Schüler finden Sie auf der CD-ROM: Material 5 „Wie ist mein Verhalten im Unterricht?", Material 6 „Wie ist meine mündliche Mitarbeit?" und Material 7 „Wie läuft es mit den Hausaufgaben?".

Schlechte Gewohnheiten durchbrechen

Viele unangemessene Verhaltensweisen von Schülern sind als Gewohnheiten ausgebildet, es handelt sich um weitgehend automatisch ablaufendes Verhalten mit geringem Grad an Bewusstheit. Die bewusste Wahrnehmung von Gewohnheiten ist aber Voraussetzung dafür, dass Verhaltensänderungen möglich werden. Die erforderliche Wahrnehmung erfolgt über Selbstbeobachtung. Diese allein hat bereits Auswirkung auf das Verhalten.

Wenn Schüler aufgefordert wurden, auf bestimmte Verhaltensweisen zu achten, konnten Lehrkräfte anschließend oft berichten, dass diese Eigentümlichkeiten nicht mehr oder nur noch in geringem Maße auftraten. Selbstbeobachtung ist auch eine Voraussetzung für eine Einschätzung des eigenen Verhaltens: „Ich beteilige mich zu selten am Unterricht."

Das unangemessene Verhalten wird in kleinen Schritten abgebaut, die der Schüler unternimmt. Angemessenes Verhalten wird verstärkt. Etwas Neues (anderes) zu erproben erfordert oft einen Anreiz, damit dieses Ziel über einen längeren Zeitraum systematisch verfolgt wird.

Ziele sollten deshalb realistisch formuliert sein (vergleiche Baustein 3):
1. Formulierung eines gemeinsamen Zieles, und zwar so, dass es konkret beobachtbar ist.
2. Selbstbeobachtung einer vereinbarten Verhaltensweise (eine Woche lang): In der ersten Woche führen die Schülerinnen und Schüler eine Strichliste. Sie notieren, wie häufig sie eine verabredete Regel nicht eingehalten haben. Das ist die Ausgangslage, von der aus die Häufigkeit des störenden Verhaltens reduziert werden soll.
3. Am Ende der ersten Woche wird ein neues Ziel definiert, zum Beispiel Abbau der Striche (statt 15 nun maximal 11 Striche und Erhöhung der Kreise auf 8). Außerdem wird mit den Schülern eine Belohnung vereinbart, die sie erhalten, wenn das Ziel erreicht wird. Die Belohnung muss auch aus der Sicht der Schüler etwas Positives sein. Es können soziale Aktivitäten gewählt werden (etwas gemeinsam unternehmen), aber auch materielle Zuwendungen kommen (vorübergehend) in Frage. Die Belohnung kann in der Schule erfolgen. Falls sich dort nichts anbietet, sind die Eltern gefor-

dert. In der kommenden Woche führen die Schüler diese Liste weiter. Für die zweite Woche ist es ratsam, dass der Zielwert sich nur in geringem Maße von der Ausgangshäufigkeit unterscheidet. Damit ist gewährleistet, dass die Schüler das Ziel erreichen und die verabredete Belohnung erhalten. Dies wiederum sichert die Motivation, „weiter am Ball zu bleiben".

4. Ziel: Nach etwa sechs Wochen sollte sich die Verhaltensweise in einem akzeptablen Maß bewegen.

5. Nach etwa zwei Monaten wird nochmals eine einwöchige Selbstbeobachtung durchgeführt, um die Aufmerksamkeit erneut auf das betreffende Verhalten zu richten.

Erfahrungsbericht: Die Selbstbeobachtung als Fenster zur Realität

Das folgende Beispiel verdeutlicht, wie unterschiedlich mitunter ein und dasselbe Schülerverhalten von den Beteiligten wahrgenommen wird. Der Einsatz eines methodischen Verfahrens zur Konfliktlösung ist dann – etwa wegen der verfestigten Perspektive der einen Partei – kaum Erfolg versprechend. Trotzdem sollte man nicht vorschnell auf bewährte Instrumente verzichten; im vorliegenden Beispiel springt als Gewinn für beide Seiten eine differenziertere Einschätzung der (Problem-)Situation heraus.

Die Ausgangssituation nach vier gemeinsam verbrachten Schuljahren im Fach Deutsch ist gekennzeichnet durch konzentriertes Arbeiten, ein gutes Klassenklima und interessierte, aufmerksame Schülerinnen und Schüler. Dann aber stoßen sechs „schwierige" Schüler aus anderen Schulen in Klasse 5 hinzu und verursachen Störungen:

- Sie kommen häufig ohne Hausaufgaben in die Schule.
- Sie trudeln mit deutlicher Verspätung ein.
- Die Arbeitsmaterialien und die Arbeitshefte haben sie trotz der Einträge im Aufgabenheft nicht dabei.
- Die Zwischenrufe häufen sich.
- Gespräche mit den Banknachbarn bringen Unruhe und Unkonzentriertheit ins Spiel.
- Immer wieder muss eingegriffen werden, um das Essen im Unterricht zu unterbinden.
- Sie laufen im Klassenraum umher und müssen „schnell was erledigen".

Aus der Sicht der Klassenlehrerin mit dem Fach Deutsch stellt sich die Lage so dar: „Dieses unakzeptable Verhalten ist in allen Fächern zu beobachten!"

Die Sicht der Schüler lautet anders: „Nein, nicht in Deutsch und Mathematik, da kommt das nicht vor!" Gespräche und die Auswertung eines Fragebogens bringen nicht weiter. Die Störungen bleiben (auch in Deutsch), die unterschiedlichen Sichtweisen ebenfalls: „Ihr stört den Unterricht!" (Lehrerin) – „Aber nicht in Deutsch und in Mathematik!" (Schüler).

Die Klassenlehrerin vereinbart mit den Mädchen und Jungen, sechs Tage lang einen Selbstbeobachtungsbogen auszufüllen: einen Strich einzutragen bei Dazwischenreden, Umherlaufen oder privaten Gesprächen, und zwar abwechselnd in den Fächern Deutsch und Mathematik. (Als Ausblick sei an dieser Stelle eingefügt: Bis zum Schuljahresende kommt es nicht mehr zu nennenswerten Störungen in diesen beiden Fächern.)

Aber erneut prallen die unterschiedlichen Ansichten aufeinander: „Der Unterricht verlief in diesen sechs Stunden planmäßig und ohne die sonst üblichen Störungen!" (Sicht der Lehrerin). „Nein, genauso haben wir uns auch vorher verhalten!" (Sicht der Schüler). Hat also die Lehrerin die Veränderungen in der Klasse übersensibel wahrgenommen? War etwa den Schülern die Veränderung in der Klasse (vorher mehr Störungen) nicht hinreichend bewusst?

Unser Vorschlag für ein Fazit: Die Auswertung des Selbstbeobachtungsbogens (ein methodisches Instrument der „Kooperativen Verhaltensmodifikation") kann einerseits bei den Schülern ein geschärftes Problembewusstsein bewirkt haben und andererseits der Lehrerin signalisieren: Möglicherweise war's doch nicht so schlimm.

Denkbar, dass diese Methode beiden Seiten einen angemesseneren Blick auf die Realität eröffnet hat.

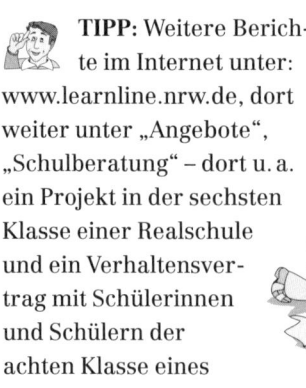 **TIPP:** Weitere Berichte im Internet unter: www.learnline.nrw.de, dort weiter unter „Angebote", „Schulberatung" – dort u. a. ein Projekt in der sechsten Klasse einer Realschule und ein Verhaltensvertrag mit Schülerinnen und Schülern der achten Klasse eines Gymnasiums.

Baustein 6: Intervenieren

Der Lehrer bespricht gemeinsam mit den Schülern seine Planung. Anregungen und Veränderungsvorschläge werden so weit wie möglich aufgenommen. Je stärker die Schüler an der Planung beteiligt sind, desto mehr können sie bei diesem Projekt lernen. Ein fertiger „Vertrag", der den Schülern „von oben" aufgestülpt wird, mag zwar kurzfristig durch entsprechende Motivationshilfen erfolgreich sein, langfristig werden jedoch die Lernmöglichkeiten der Schüler nicht genutzt und das Prinzip der Selbststeuerung kommt zu kurz, das als übergeordnetes Lernziel für alle Projekte zur Förderung der Selbstdisziplin gelten soll.

Zu den hochrangigen Erziehungszielen gehört heutzutage Kritikfähigkeit. Wenn Lehrer und Eltern es also mit selbstbewussten, eigenständigen und eigenwilligen Kindern zu tun bekommen, müssten sie auch deren Stärken akzeptieren: Dies sind ja die Mädchen und Jungen, die wir eigentlich haben wollten – die sind jetzt so selbstbewusst, dass es einige Mühe macht, gemeinsame Positionen zu entwickeln. Der Vorteil der Kooperation liegt auf der Hand: Solche Vereinbarungen zeichnen sich durch eine hohe Verlässlichkeit aus. Angeordnete Pflichten werden dagegen oft nicht akzeptiert, fallen dem „Vergessen" anheim, werden nicht verinnerlicht. Denn es fehlt sowohl das klärende Gespräch als auch – Folge des ersten Mangels – die innere Zustimmung.

Kommt es durch einen Vereinbarungs-Prozess zur Akzeptanz der Regeln, ist der entscheidende erste Schritt getan. Im Folgenden kann der Gedanke hilfreich sein, dass eine Verletzung der Regeln dem Bruch eines Versprechens nahe kommt. Erwachsene sollten sich bei diesem Punkt vor Augen halten, dass sie bei einer ganzen Reihe von Regelverletzungen verharmlosend von „Kavaliersdelikten" sprechen, man denke an Verstöße gegen die Verkehrsregeln, an Schwarzarbeit oder Blaumachen (bei Schülern Schwänzen genannt). Bedenkt man dies mit, erscheint die Missachtung von Regeln durch Kinder und Jugendliche in einem anderen Licht (siehe dazu auch im Grundlagenband KOWALCZYK/OTTICH 2004: „Der Lehrer als Vorbild"; „Funktionale Erziehung").

TIPP: Verhaltenspflichten sollten in eine Vereinbarung erst aufgenommen werden, wenn die Schüler sie als „Selbstverpflichtung" akzeptieren. Untersuchungen zur Wirksamkeit von Verhaltensverträgen zeigen, dass Selbstverpflichtungen eher eingehalten werden als Anordnungen.

Besonders an diesem Punkt der Kooperation wird der Wert einer partnerzentrierten Kommunikation zwischen dem Lehrer und der Klasse deutlich.
Ob die Einbeziehung der Schüler ‚echt‘ ist oder aufgesetzt, wird sich an dieser Stelle zeigen.

Wir beschreiben nun Maßnahmen, die zum Erreichen der Ziele eingesetzt
werden können.

Regeln aufstellen

Wo – wie in der Schule – viele Menschen auf relativ engem Raum zu-
zusammenleben, sind Absprachen, Regeln und Verbote unerlässlich. So wird
denn auch jede Schülerin, jeder Schüler mit der „Hausordnung" seiner Bil-
dungsstätte konfrontiert.

Dort ist festgehalten, dass jeder Einzelne Rücksicht auf den anderen zu
nehmen hat, damit das Gemeinschaftsleben funktioniert, und dass die Räu-
me mit ihrer Einrichtung pfleglich zu behandeln sind, damit alle gut lernen
können. Im Einzelnen ist auf diesen Informationsblättern zum Beispiel zu le-
sen, was beim Ausbleiben des Lehrers zu geschehen hat, ob eine Rau-
cherecke zur Verfügung steht, wann Beurlaubungen gewährt werden können und welche Folgen unentschuldigtes Fehlen („Schwänzen") nach sich
zieht. Hinzu kommen noch in vielen Fällen gemeinsam getroffene Vereinbarungen zwischen Lerngruppen und bestimmten Lehrkräften. An diese zusätzlichen Regelungen erinnern Wandzeitungen in den Klassenräumen.

Soll das Regelwerk als Steuerungsinstrument des Zusammenlebens wirksam bleiben, müssen die Bestimmungen hin und wieder ins Gedächtnis ge-
rufen und bei Bedarf auch aktualisiert werden. Je nach Schulform und Altersstufe ist zu entscheiden, wie kleinschrittig und konkret die Angaben
abzufassen sind, damit die einen – man denke an Grundschüler – die Regelungen überhaupt erst kennen lernen, und wie das Erstellen der Schulordnung vor sich gehen soll, damit die anderen – man denke an Oberstufenschüler – sie aus Einsicht akzeptieren.
Allgemein empfiehlt es sich,

- nicht in Regulierungswut zu verfallen, die Zahl der Paragrafen also klein
  zu halten,
- so plausibel und positiv wie möglich zu formulieren: den Sinn herauszu-
  stellen und das gewünschte Verhalten zu nennen (nicht das unerwünschte zu notieren),

▨ eher Gebote als Verbote aufzunehmen, weil dadurch weniger Bedrohliches im Spiel ist; das wirkt sich atmosphärisch günstig aus.

Beim Blick in englischsprachige Fachliteratur fällt auf, mit wie wenig Worten man auskommt, wenn alles schmückende Beiwerk beiseite gelassen wird:

Englische Hausregeln

We agree to
▨ do our best.
▨ take care of ourselves, others and this place.
▨ work together as a team.
▨ be safe/careful.

We believe in
▨ being safe.
▨ respecting each other.
▨ always doing our best.
▨ helping and not hurting.

We will
▨ respect.
▨ respond.
▨ be safe and careful.
▨ do our best.

Regeln sollten immer den Charakter von Vereinbarungen tragen; die Schülerinnen und Schüler sind also von Anfang an bei deren Erstellung zu beteiligen. Als Zeitpunkt der Beratung und der Einführung bieten sich die ersten Wochen des neuen Schuljahres an. Untersuchungen zum Thema „wirksames Lehren und Lernen" zeigen, wie wichtig gleich die ersten Tage und Wochen für das Gelingen der Arbeit im gesamten Schuljahr sind: Wer frühzeitig die Grundlagen für konzentrierten Unterricht und solides Lernen legt, muss sich nicht später aufreiben in einem fortwährenden Kampf um Aufmerksamkeit und Disziplin.

Auf die Grundlagen – eine Hand voll zentral wichtiger Regeln – folgen dann im Laufe der nächsten Wochen, am besten verknüpft mit konkreten Anlässen, nach und nach weitere Festlegungen. Von Zeit zu Zeit sind die Vereinbarungen auf überholte Passagen hin – wiederum gemeinsam – zu überprüfen. Dann geht es um Überarbeitung oder um ersatzloses Streichen.

Der Lehrer als Vorbild: Die Regeln ernst nehmen

Viel war nun die Rede vom (kooperativen) Verhalten der Schülerinnen und Schüler; die Lehrkräfte sind aber ebenso gefordert. Erst wenn sie selbst durch ihr Handeln zeigen, dass sie vom Sinn, von der Gültigkeit des Regelwerks überzeugt sind, kommt die gemeinsame Sache voran. Denn man kann nicht zum Beispiel auf einer Wandzeitung Maßnahmen gegen Unterrichtsstörungen versammeln und dann passiv zusehen, wie Einzelne das Geschehen zum Nachteil vieler an sich reißen. Gewährenlassen aus Resignation hat fatale Folgen: Entwertung der Leitlinien, Vormacht des Stärkeren (Lauteren), Benachteiligung der vielen, die auf eine ruhige Arbeitsatmosphäre angewiesen sind. Eine konsequente Haltung der Lehrerin, des Lehrers ist hier wie generell in pädagogischen Fragen unverzichtbar.

Dazu gehört auch, dass grundsätzlich Klarheit herrscht über das, was geht und was nicht geht – also sind Vereinbarungen in gewissen Abständen aufzufrischen –, und dass die Lehrkraft durch eine gleich bleibend positive Einstellung gegenüber den Regeln allen Schülern in der Klasse Verhaltenssicherheit gibt. Um nicht auf der Negativ-Schiene festzuhängen („Ruft nicht dauernd dazwischen!"), kann der Lehrer seine Erwartungen in konkrete, positiv abgefasste Sätze bringen, zum Beispiel so:

- „Nur wer sich gemeldet hat, kann antworten und seine Meinung sagen."
- „An den Gruppentischen ist die Lautstärke so einzurichten, dass die anderen Gruppen ringsum nicht in der Arbeit gestört werden."

Und nicht zu vergessen: Im Schulalltag wird der Lehrer viele Vorfälle schon wegen ihrer Aktualität mit seiner Klasse in eigener Regie erörtern und zu einem guten Ende bringen. Da kann ein starres Regelwerk oder ein mehrschrittiges Verfahren durchaus einmal stören. Zu diesem Freiraum gehört auch die Einrichtung eines festen Wochentermins für eine Gesprächsrunde, in der es um Fragen des Zusammenlebens gehen soll: „Wie steht's um unsere Klassengemeinschaft?" – „Wie sieht's mit unserem Arbeitsklima aus?"

Regeln brauchen Kontrolle

 TIPP: Absprachen sollen nicht zu umfangreich sein und nur die wirklich wichtigen Dinge regeln – weniger ist hier mehr.

Eine gute Lern- und Arbeitsatmosphäre erreicht man mithilfe klarer Grundsätze und Verhaltensregeln, über deren Wert in der Klasse Einverständnis besteht. Auf die Einhaltung dieser Regeln müssen sich alle verlassen können. Jeder Einzelne und die gesamte Klasse sind berechtigt, daran zu erinnern und auf die Unterstützung durch die anderen zu vertrauen. Welche Regeln notwendig sind, ergibt sich aus der gemeinsamen Erörterung. Vereinbarungen sollten erwünschtes Verhalten verstärken. Gegenseitige Hilfestellung fördert das Vertrauen unter den Beteiligten und lässt sie den Wert ihres Beitrags erkennen. Trotzdem werden gelegentlich Schwierigkeiten bei der Umsetzung von Regeln auftauchen. Dann stellen die Diskussionen aus der Anfangsphase der Vereinbarungen einen günstigen Anknüpfungspunkt dar.

Wie die Regeln sollten auch die Maßnahmen bei Übertretung explizit formuliert und damit transparent gemacht werden. Wenn aus Regelverletzungen Konflikte entstehen, ist es wichtig, dass diese auf möglichst niedriger Ebene bereinigt werden, also zunächst von Person zu Person. Erst wenn die direkt Betroffenen zu keiner Lösung kommen, sollte die Klassenebene einbezogen werden.

Als zusätzliche Maßnahme empfiehlt sich die Erarbeitung einer Art „Meta-Regel", also die Verständigung über den Umgang mit Regeln beziehungsweise mit Regelverletzungen in der Klasse.

Klassen-Regeln formulieren

Nachfolgend haben wir einige grundlegende Regeln zusammengestellt und Anregungen zusammengetragen, wie sie zu handhaben sind:

1. Eine funktionierende Gemeinschaft braucht Abmachungen und Vereinbarungen

Diese Abmachungen und Vereinbarungen sind sorgfältig ausgewählt und begründet worden und machen Sinn. Wir sind uns bewusst, dass sie nicht für alle Beteiligten gleich sinnvoll und akzeptabel sein können. Da sie jedoch in legitimer Weise zustande gekommen sind, gelten sie als verbindliche Festlegungen für alle. Wir rechnen aber auch mit dem Nichteinhalten von Regeln und berücksichtigen deren Vorläufigkeit.

2. **Wer von den Regeln abweicht, muss erklären, warum**
   Die Schüler und der Lehrer haben ein Recht darauf, über die Ursachen einer momentanen individuellen Abweichung informiert zu werden („Ich bin zu spät gekommen, weil ...", „Ich habe das in meiner Klasse noch nicht durchgesetzt, weil ...", „Ich hab's vergessen."). Dies ist auch ein Zeichen von Einwilligung in die grundsätzliche Verpflichtung und Gemeinschaftstreue. Solche Verstöße, soweit sie nicht grob fahrlässig passieren und Schaden vermieden wird, dürfen vereinzelt vorkommen, ohne dass von Schuld die Rede ist oder Ächtung erfolgt.

3. **Rückfragen und Erinnerungen (Ermahnungen) sind erlaubt**
   Es gilt nicht als unfreundlicher Akt und man muss nicht mit aggressiver Vergeltung rechnen, wenn Schüler oder Lehrer bei Verstößen nachfragen, ergründen, anmahnen – solange die Prinzipien des fairen Umgangs miteinander beachtet werden. Wir wissen und akzeptieren auch, dass grobe oder chronische Verstöße gegen Regeln die dafür vorgesehenen Sanktionen auslösen können.

4. **Ein begründetes (kurzfristiges) Abweichen von einer Regel wird toleriert**
   Wenn ein Schüler oder der Lehrer aus strukturellen Gründen (zum Beispiel Zeitknappheit aufgrund aktueller Arbeitsprojekte) die Vorgaben nicht einhalten kann, werden die individuell beanspruchten (benötigten) Abweichungen offen und konkret vereinbart.

5. **Ein Unterlaufen der Abmachungen (oder einzelner Punkte daraus) akzeptieren wir nicht**
   Als untauglich oder unwichtig angesehene Vereinbarungen können nicht einfach unterlaufen werden. Vielmehr besteht dann die Verpflichtung, sich für eine Änderung dieser Punkte einzusetzen. Bei anhaltenden Schwierigkeiten sollte die Klasse eine neue Regel erarbeiten.

6. **Wer Mühe hat oder in Schwierigkeiten gerät, holt sich Unterstützung**
   Bei aller grundsätzlichen Bereitschaft, die vereinbarten Regeln auch einzuhalten, können Schüler und der Lehrer in der Praxis doch an die Gren-

zen ihrer Möglichkeiten stoßen und sich überfordert fühlen oder Angstgefühle entwickeln. In diesem Fall sind sie dazu aufgefordert, um Unterstützung nachzusuchen. Schweigend leiden, trotzen oder kaschieren gehört nicht zu den akzeptablen Reaktionen auf eine solche Problemlage.

7. **Wir überprüfen in regelmäßigen Abständen die Brauchbarkeit unseres Regelwerks und verändern es bei Bedarf**
In einem festgelegten Turnus tauschen wir unsere Erfahrungen mit den internen Regelungen aus und entscheiden, was beizubehalten ist, wo wir modifizieren oder streichen müssen und an welchen Stellen neue Punkte hinzukommen sollten.

Gelingt es, in der Klasse diesen letzten Schritt – die Aufstellung von Meta-Regeln – einvernehmlich zu realisieren, ist der Zielpunkt des Vorhabens erreicht: Der klasseninterne Verhaltensleitfaden liegt auf dem Tisch und trägt mit dazu bei, dass die Lehrenden und die Lernenden über die Stoffvermittlung hinaus auch Aspekte des sozialen Zusammenwirkens in ihre Aktivitäten einbeziehen.

Flankierende Maßnahmen

Kleine Belohnungen aussetzen

Was tun, wenn die Vereinbarungen zwar formal unter Dach und Fach sind, gut formuliert und überzeugend begründet, die Schüler aber nicht wie gewünscht auf die Einhaltung der Regeln achten? Wenn Erinnerungen an die Abmachung nicht durchschlagen, Ermahnungen und Bestrafungen nichts fruchten? Die Richtung ändern, indem man positiv verstärkt. Der Lehrer reagiert nicht mehr reflexartig auf Ärgerliches, sondern schärft seine Wahrnehmung für die Ansätze des erwünschten Verhaltens und setzt ein Belohnungssystem in Gang. Dieser Vorschlag wird möglicherweise nicht sofort auf Zustimmung stoßen. Wer mit anderen Verfahren seine Erfolge eingefahren hat, bleibt beim Bewährten. Aber Pädagogen, die noch mitten in der leidvollen Erfahrung stecken, dass man im Wirbel des Alltags dazu neigt, „mehr desselben" zu praktizieren (noch heftiger zu ermahnen, härter zu bestrafen, einen weiteren Brief an die Eltern abzuschicken), könnten sich angeregt fühlen, etwas anderes zu erproben. Vom Kerngedanken geleitet, dass sich aus der Sicht der Schüler positives Verhalten lohnen muss, lässt sich eine Liste geeigneter Belohnungen entwerfen, differenziert nach Altersstufe, Klassensituation, bisherigen Erfahrungen, aktuellen oder generellen Vorlieben. Das Gespräch über attraktive „Prämien" kann auch im Klassenverband geführt werden: als Bestandteil der kooperativen Absprachen. Unaufwändig und nach wie vor bewährt sind die verschiedenen Formen von Anerkennungs- und Bonuspunkten, eine Spielphase gegen Ende der Stunde (der Einheit), das Anhängen einer beliebten Aktivität (Exkursion, Ortsbegehung) an eine „Durststrecke" der gemeinsamen Tätigkeit.

Alles nichts Neues? Völlig richtig. Vielleicht regen diese Zeilen aber dazu an, wieder einmal den Schritt vom pädagogischen Wissen zum praktischen Handeln zu vollziehen.

An sich selbst arbeiten

Lehrer haben nicht selten die Neigung, unangenehme Vorfälle direkt auf sich zu beziehen. Sie glauben oft, sie seien jeweils persönlich gemeint. Konstruktiv und entlastend wirkt sich die professionell erworbene Fähigkeit aus, dem Geschehen gegenüber eine wohl dosierte Distanz einzulegen, nachzudenken und schließlich nicht nur sachlich angemessen, sondern auch humorvoll-menschlich zu reagieren. Die Gedankensplitter in der nachfolgenden Tabelle geben Anlass, Störungen jenseits der eigenen Person einzuordnen. So öffnen sich dann Handlungsalternativen und man steht selbst nicht mehr unmittelbar im Fokus der empfundenen Kritik.

Interventionen für den Augenblick	
Verhalten, Intervention	**Funktion**
bewusst nicht zur Kenntnis nehmen	das Störende nicht unbeabsichtigt verstärken
positive Ansätze würdigen	die Bereitschaft zu konstruktivem Verhalten fördern
humorvoll sprechen, erwidern	Beruhigung, Entspannung herbeiführen
die Sitzordnung verändern	eingespielte, verfestigte Störmanöver reduzieren
Erläuterungen geben, Hintergründe und Zusammenhänge darlegen	sachlich informieren, um Urteile zu ermöglichen
aus dem Raum schicken	Eskalation vermeiden; Abreagieren anstreben
Verbote aussprechen	Grenzen aufzeigen
Strafen verhängen	Fehlverhalten auch ahnden (nicht nur verbal kritisieren)
Belohnungen geben	Leistungen anerkennen, Dank aussprechen

Diese Maßnahmen entlasten wenigstens für einen Moment, sie scheinen jedoch wenig geeignet, die Situation insgesamt zu verbessern. Mittelfristig ist es in jedem Fall vernünftiger, auf eine solide Präventionsarbeit zu setzen.

Der Fachleiter Andreas Schaefer hat auf der Internetseite des Studienseminars Cuxhaven einige Leitlinien zum Thema „Disziplin entwickeln" veröffentlicht. Sie ersetzen nicht die Prävention, bieten aber Rezepte zur Verbesserung des Verhaltens in konkreten Unterrichtssituationen an. Wir geben die Hinweise in komprimierter Form wieder.

Strategische Interventionen im Unterricht

Verankern	Disziplinarische Maßnahmen an einem bestimmten Ort des Klassenraumes vornehmen; allein das Aufsuchen dieses Ortes kann nach einiger Zeit bereits die gewünschte Veränderung bewirken.
In Konfliktsituationen „den Ball zurückgeben"	Andernfalls droht dem Lehrer – im Bild gesprochen – ein Schrittfehler. Dem aufsässigen Schüler nicht nur einen Befehl präsentieren: „Heb das auf!" Weigert sich der Schüler, befindet sich der Lehrer im Zugzwang. Besser ist, ihm die Entscheidung zu übertragen: „Wenn du das nicht aufhebst, informiere ich deine Lehrerin, dass du in der nächsten Pause nicht raus darfst." Jetzt ist der Schüler am Zug.
Erwünschtes Verhalten klar benennen	Nicht das Unerwünschte tadeln: „Sitz bitte still." Vielmehr das Gewünschte mitteilen: „Stell den Papierkorb wieder hin und schreib weiter."
Alternativen verdeutlichen, für Konsequenzen einen Zeitpuffer vorsehen	Wenn ein Schüler der Aufforderung, weiter vorn Platz zu nehmen, nicht folgt, droht ein Zweikampf, bei dem der Lehrer den Kürzeren ziehen könnte (vgl. „den Ball zurückgeben"). Er stellt den Schüler besser vor eine Alternative und gewinnt durch ein Verlagern der Konsequenz Zeit zum Nachdenken. „Wenn du dich umsetzt, ist die Sache in Ordnung. Wenn du das nicht tust, rufe ich in der Pause bei dir zu Hause an."
Nicht den Schüler tadeln, sondern sein Verhalten	Persönliche Kritik trifft vor allem Kinder mit geringem Selbstwertgefühl auf schmerzhafte Weise. „Du störst uns" sollte deshalb ersetzt werden durch eine sach- oder situationsbezogene Formulierung: „Wenn du so laut redest, stört das unser Gespräch."

Strategische Interventionen im Unterricht

Nonverbale Signale nutzen	Sie kommen auch noch an, wenn es im Klassenzimmer schon recht laut ist. Sie ermöglichen beschwichtigende wie ermutigende Effekte. Die Sprache bleibt für die Unterrichtsinhalte reserviert, die Bereiche „Thema" und „Verhalten" purzeln nicht durcheinander.
Keine Standpauke vor „Publikum"	Vor allen Mitschülern kritisiert zu werden wird den Störenfried kaum kooperativ stimmen. Durch eine solche Niederlage verliert er sein Gesicht. Im Vier-Augen-Gespräch auf dem Flur sieht das Ganze schon besser aus – und auch der Lehrer hat sich etwas abkühlen können.
Nach dem Tadeln einen Neuanfang signalisieren	Eine Auseinandersetzung kann „fällig" sein; sie klärt dann die Situation und reinigt die Atmosphäre. Hilfreich für das Umschalten auf Freundlichkeit (um die Konfrontation nicht weiterwirken zu lassen): bewusst atmen, die Körperspannung abbauen, einen Ortswechsel vornehmen, die Mimik und die Stimme verändern, den Wechsel auch explizit in Worte fassen („Nun haben wir's geklärt. Jetzt geht's wieder weiter.").
Mit Störungen konstruktiv (verständnisvoll) umgehen	Wenn Schülerinnen und Schüler sich nicht auf den Unterricht konzentrieren können, liegt dies oft an einem Umstand, der für sich genommen kein so großes Gewicht hat: Schon das verständnisvolle Wahrnehmen (Zulassen) der Störung hilft dem Schüler, sich wieder der Arbeit zuzuwenden. Eventuell ist es angebracht, eine Klärung zu einem späteren Zeitpunkt vorzuschlagen.

nach: SCHAEFER, Link auf der CD-ROM: „Studien-Seminar Cuxhaven"

Baustein 7: Einen Vertrag abschließen

Verträge sollten schriftlich geschlossen und in der Klasse aufgehängt werden, damit sie jederzeit von jedem Schüler eingesehen werden können. Die Selbstverpflichtung wirkt stärker, wenn alle Beteiligten diesen Vertrag auch unterschreiben.

Herr Berger will einen Vertrag mit den Schülern schließen, der in Bezug auf Unterrichtsbeteiligung und abfällige Bemerkungen Verhaltensregeln sowohl für die Schüler als auch für ihn selbst enthält. Die Regeln werden gemeinsam entwickelt und formuliert.

- **Schülerregel 1:** Wenn einem Mitschüler ein Fehler unterläuft, mache ich keine abfälligen Bemerkungen.
- **Schülerregel 2:** Wenn ich einen Fehler gemacht habe und Mitschüler eine abfällige Bemerkung äußern, sage ich: „Das stört mich!"
- **Lehrerregel 1:** Wenn ein Schüler einen Fehler macht, frage ich die Klasse, wer helfen kann.
- **Lehrerregel 2:** Wenn ein Schüler ausgelacht wird, frage ich ihn, wie ihm zu Mute ist.

Alle Regelverstöße werden in Selbstbeobachtungsbögen (siehe die Materialien 4 bis 7 auf der CD-ROM) protokolliert. Die Gesamtzahl der Regelverstöße wird jeweils freitags für die vergangene Woche zusammengezählt und in ein großes Schaubild eingetragen, das in der Klasse aushängt. Für eine festgelegte Verringerung der wöchentlichen Gesamtzahl an Regelverstößen wird eine Belohnung für die Klasse festgelegt.

Beispiele für Vereinbarungen finden Sie auf der CD-ROM: Material 8 „Hausaufgabenvertrag", Material 9 „Vereinbarung I: So wollen wir es miteinander halten!", Material 10 „Vereinbarung II: So wollen wir außerhalb des Unterrichts miteinander umgehen", Material 11 „Sicherheit, Sauberkeit, Umwelt", Material 12 „Klassenvertrag".

Baustein 8: Jede Woche ein bisschen besser – kontinuierliche Evaluation durch Selbstbeobachtung

Der Klassenlehrer, Herr Berger, berichtet: „Die Schüler und Schülerinnen haben sich intensiv mit den Selbstbeobachtungsbögen beschäftigt. Der Unterricht wurde öfter unterbrochen, um zu diskutieren, ob ein bestimmter Schüler die Regeln verletzt habe oder nicht. Positiv war: Die Kinder hatten

Klassenvertrag

Zwischen der Klasse _____ und Herrn/Frau _____ wird ein Vertrag geschlossen, der am _____ beginnt und für die Dauer des Unterrichtsgesprächs in den Fächern _____ und _____ gilt.

Die folgenden **Regeln** sollen gelten:

Schülerregel 1:
Wenn ich etwas zum Unterrichtsgespräch beitragen möchte, dann zeige ich leise auf und rufe auf keinen Fall in die Klasse.

Schülerregel 2:
Ich notiere mir, wenn ich aufzeige und nicht aufgerufen werde.

Lehrerregel 1:
Ich frage am Ende jeder Stunde, wer zu wenig aufgerufen worden ist, und verpflichte mich, diese Schüler in der nächsten Stunde verstärkt dranzunehmen.

Lehrerregel 2:
Ich lockere das Unterrichtsgespräch auf durch Gruppenarbeit, Spiele und Entspannungsübungen. Bei der Gestaltung des Unterrichts verfolge ich das Ziel, die Klassengemeinschaft zu verbessern.

So soll die **Kontrolle** aussehen:

Zu Schülerregel 1:
Während der Stunde sitzt jeweils eine andere Schülerin bzw. ein anderer Schüler vorn am Pult und führt eine Strichliste über die Zwischenrufe (ohne die Namen der Zwischenrufer zu notieren). Das Ergebnis wird jeweils am Ende der Stunde in ein Schaubild eingetragen.

Zu Schülerregel 2:
Ich notiere mir auf einem Selbstbeobachtungsbogen, wie oft ich trotz Aufzeigen

Das vollständige Material finden Sie auf der CD-ROM.

Spaß daran, mit den Regeln umzugehen, und waren erstaunt, wie häufig sie sich doch gegenseitig ‚anmachten'.

Während des gesamten Projekts führen die Schülerinnen und Schüler Selbstbeobachtungsbögen und kontrollieren damit, ob sie das wöchentlich festgelegte Ziel auch tatsächlich erreicht haben. Auch die Lehrkraft führt eine Liste, wenn sie sich ebenfalls verpflichtet hat, bestimmte Verhaltensweisen zu ändern. Zum Wochenende wird dann eine gemeinsame Auswertung vorgenommen.

Falls keine Fortschritte (aber Fehlschläge) festgestellt werden, muss man rasch eine Korrektur vornehmen. Vielleicht ist die Diagnose falsch, der Interventionsplan oder seine Durchführung fehlerhaft. Diese Punkte müssen überdacht werden und – bei entsprechendem Ergebnis – zu einer Korrektur an der entsprechenden Stelle der Handlungsstrategie führen.

Auch hier scheint uns das Hauptproblem darin zu liegen, dass viele Lehrer keine Korrektur vornehmen, weil sie keinen neuen Fehlschlag riskieren möchten. Sich eingestehen müssen, trotz aller Bemühungen keine Problemlösung fertig gebracht zu haben, ist unangenehm. Manche Erfolg versprechende Intervention wird dann nicht mehr weitergeführt und verläuft im Sande. Häufig kann dagegen schon eine geringfügige Korrektur den Fehlschlag aufheben.

Am Beispiel unserer sechsten Klasse stellt sich in der ersten Woche heraus, dass die ursprünglich gewählten Regeln zu kompliziert sind. Trotz starker Bedenken und einem Gefühl des Unbehagens entschließt sich der Lehrer zur Korrektur. Folgende Regeln werden eingeführt.

- **Schülerregel 1:** Wenn ein Schüler einen Fehler macht, lache ich ihn weder aus noch mache ich eine abfällige Bemerkung nach dem Muster „O, wie doof …!"

- **Schülerregel 2:** Wenn ein anderer Schüler, der eine abfällige Bemerkung gemacht oder jemanden ausgelacht hat, keinen Minus-Strich auf seinem Beobachtungsbogen macht, fordere ich ihn (aber höchstens einmal) auf, dies nachzuholen.

- **Lehrerregel:** Wenn ein Schüler einen Fehler macht, frage ich: „Wer kann ihm/ihr helfen?"

Mit der Schülerregel 2 werden ausufernde Diskussionen vermieden. Außerdem bewirkt sie, dass sich die ausgelachten Schüler in zunehmendem Maße gegen diskriminierende Äußerungen zur Wehr setzen, indem sie den Lacher auffordern: „Mach einen Strich!" In dieser Woche sinkt die Häufigkeit diskriminierender Äußerungen um die Hälfte auf 50. Die genannte Korrektur wird dennoch eingeführt.

Falls die Ergebnisprüfung zeigt, dass das Ziel zur Zufriedenheit aller Beteiligten erreicht worden ist, kann die Intervention beendet werden. Damit das Zielverhalten bei allen Beteiligten solide verankert wird, sollte nach etwa drei Monaten erneut eine Woche lang das Zielverhalten systematisch beobachtet werden.

Am Schluss bewerten die Beteiligten das Projekt als Ganzes. Die Schüler sollten noch einmal befragt werden, welche Probleme ungelöst geblieben sind, was sie weiterhin am Unterrichtsgeschehen stört, was sie am Projekt gut fanden und was man hätte besser machen können. Ein Gespräch mit ihnen lässt Rückschlüsse darauf zu, was sie gelernt haben, welche Fortschritte sie sehen, wie sie mit Schwierigkeiten und Fehlschlägen umgegangen sind und was ihnen ganz leicht gefallen ist. Diese abschließende Beurteilung sollte zeigen, dass soziales Verhalten auch gelernt werden kann und nicht von vornherein gekonnt werden muss. Das Projekt steht den Schülern dann als Modell für eigene Lernprozesse und für das Prinzip der Selbststeuerung plastisch vor Augen und kann sie zu weiteren Vorhaben anregen. Die Schüler und den Lehrer wird dieser Rückblick auf das Projekt ermutigen, weitere Probleme kooperativ anzugehen. Im weiteren Verlauf, wenn der Plan gemeinsam in die Tat umgesetzt und der jeweilige Fortschritt im großen Schaubild festgehalten wird, können Fragen auftreten, die das Engagement der Lehrkraft gründlich auf die Probe stellen.

- Wie geht man mit Schülern um, die ihre Mitarbeit an dieser Stelle verweigern?
- Wie bezieht man die Eltern in das Projekt mit ein? (Vorstellung des Konzepts, kontinuierliche Information, Auswertung der Ergebnisse)
- Wie reagieren die Kolleginnen und Kollegen auf diese Aktion?
- Wie stellt man sicher, dass bei der Auswertung der Selbstbeobachtungsbögen keine verzerrenden Fehler passieren?

TIPP: Bei aller äußerlichen Gemeinsamkeit im Projekt „Förderung der Selbstdisziplin": Nur wenn die Einstellung des Pädagogen stimmt, wenn er die Intervention nicht als sein persönliches Anliegen, eine von ihm bestimmte Unterrichtseinheit, sondern als ein Vorhaben der Klasse und zugleich als konkrete Lebenssituation aller Beteiligten versteht, wird er glaubwürdig sein und seine Schüler dazu bringen, das Projekt mitzutragen.

Auch die Evaluation darf nicht außer Acht gelassen werden. Was tun, wenn bei der Sichtung der Ergebnisse kaum Fortschritte, dafür aber prägnante Fehlschläge festgestellt werden? Verständlich erscheint zunächst, dass Lehrer im Falle des Scheiterns wenig motiviert sind, Korrekturen vorzunehmen – weil sie keinen neuen Fehlschlag riskieren möchten. Manche anerkennenswerte Initiative verläuft auf diese Weise kläglich im Sand. Dabei kann häufig eine unaufwändige Modifizierung den Fehler zum Verschwinden bringen. Schon die Vereinfachung komplexer Bestimmungen, wie etwa die Streichung gewisser Unterpunkte oder die Reduzierung bestimmter Arbeitsgänge im Verlauf der Intervention, entlastet von irritierendem Kleinkram und lässt neuen Mut schöpfen. Vieles hängt also von der Bereitschaft des Lehrers ab, sich selbst als einen Lernenden zu sehen, der Fehler akzeptiert (und bereitwillig korrigiert), weil sie Orientierungsmarken auf dem Weg zur Lösung darstellen.

Doch sollte am Schluss das Projekt als Ganzes noch einmal von allen bewertet werden. Frageaspekte könnten sein:

- Welche Probleme bestehen nach wie vor?

  Was stört weiterhin am Unterricht?
- Was hätte im Projekt anders (besser) gemacht werden können?
- Was haben die Beteiligten gelernt?

  Welche Fortschritte haben sie gemacht?
- Wie ist es gelungen, Schwierigkeiten und Fehlschläge zu meistern?

Eine willkommene zusätzliche Erkenntnis dürfte in der Einsicht bestehen, dass soziales Verhalten auch gelernt werden kann und nicht von vornherein (als „Fähigkeit") vorgegeben sein muss.

4 Worauf Sie besonders achten müssen

Wer eine neue Sicht auf die Wirklichkeit entwickelt,
kann auch die Wirklichkeit selbst verändern.

Lehrer können recht mühelos zum Scheitern pädagogischer Projekte beitragen: indem sie vermuten, es komme im Wesentlichen auf ihre gedankli-
che Vorarbeit und die „geschickte" Auswahl der methodischen Schritte an.
Die Schülerinnen und Schüler tauchen in einer solchen Kalkulation als die
Abnehmer der schönen Ideen und der ausgeklügelten Verfahren auf. Das
kann nicht funktionieren, weil die Schüler nicht nur ausführende Organe
sein wollen, die gar nicht darüber informiert sind, was warum geschieht.
Dieser Verzicht auf Erörterungen und Beschlüsse im gemeinsamen Gespräch, gekoppelt mit fehlender Transparenz im Methodischen, wird auch
dadurch nicht besser, dass die rabiatere Form der Schüler-Manipulation
immerhin vermieden worden ist: die offene, massive Beeinflussung der Mädchen und Jungen durch Druckmittel wie Drohung, Herabsetzung und Be-
strafung.

Lehrer sollten mit gutem Beispiel
vorangehen und selbst tun, was
sie von den Schülern erwarten:
die eigenen Interessen, Wünsche
und Ansichten klar zum Ausdruck
bringen. Und danach auch dann
mit offenem Visier in die Entschei-
dungsprozesse über Ziele und
Methoden gehen, wenn sie mit ab-
weichenden Meinungen und Vorstellungen der Schüler zu rechnen
haben.

TIPP: Für die Schüler zu planen und zu entscheiden statt sie in allen Phasen zu beteiligen, ist und bleibt ein Kardinalfehler. Ist er erkannt und abgestellt worden, können immer noch kleinere Fehlleistungen im weiteren Verlauf wie Stolpersteine wirken und das Vorankommen im Projekt behindern.

Soziales Lernen: Prinzipien für den Lehrer

Es ist auch für Lehrerinnen und Lehrer wichtig, dass sie sich hin und wieder vor Augen führen, welche Kriterien für ihr eigenes Handeln gelten.

- **Transparenz:** Ich mache mir klar, wohin ich will und welche Mittel dafür in Frage kommen.
- **Training:** Durch wiederholtes Üben der noch ungewohnten neuen Interaktionsformen und durch mehrfaches Anwenden des neuen pädagogischen Wissens werde ich mein Wissen in Handeln überführen.
- **Evaluation:** Per Selbstüberprüfung und Selbstkorrektur möchte ich die oben erwähnten „kleineren Fehlleistungen" auf ein unschädliches Maß reduzieren. Denn niemand kann fehlerfrei arbeiten; also akzeptiere ich diese Möglichkeit und verlege mich aufs rasche Identifizieren und entschlossene Korrigieren solcher Mängel.
- **Motivation:** Wie für die Schülerinnen und Schüler sind auch für mich Anerkennung und Zuspruch von Seiten des Kollegiums wichtig, um bis zum Abschluss des Projektes durchzuhalten. Gespräche im Lehrerzimmer sind geeignet, das Interesse meiner Kolleginnen und Kollegen wach zu halten.

Ein ungeeignetes Instrument: Druck, immer mehr Druck

Wie schnell entsteht ein Teufelskreis: Einer Störung wird eine bestimmte Maßnahme entgegengesetzt; wirkt sie nicht, erhöht man eben den Druck, meist erneut erfolglos. Und so weiter, frei nach dem Prinzip: „Immer mehr desselben". Das Ergebnis ist eine verfahrene Situation, denn der misslungene Problemlösungsversuch entpuppt sich als das eigentliche Problem mit dem Lehrer als Hauptakteur.

Und worin besteht die Alternative? Im Durchbrechen einer kreisförmigen Interaktion, wie sie eben beschrieben wurde. Durch ein klärendes Gespräch sorgt der Lehrer dafür, dass die permanente Wiederkehr derselben Struktur unterbunden wird. Verhält er sich selbst anders, bekommt auch die Gegenseite die Chance, neue Wege zu gehen.

Dabei muss sich der Pädagoge mit drei Hindernissen herumschlagen:

1. Wahrnehmung aus einer verengten Perspektive
   Folge: Der eigene (individuell geprägte) Blickwinkel zeigt nur einen subjektiven Ausschnitt.
   Abhilfe: Mit anderen Wahrnehmungsweisen rechnen und diese in Erfahrung bringen.
2. Fixierung der Aufmerksamkeit ausschließlich auf den Problempunkt
   Folge: Man sieht die positiven Züge der Situation oder des Verhaltens anderer nicht mehr.
   Abhilfe: Den Blick schweifen lassen, die Komplexität der Situation erkennen, konstruktive Elemente im Sinne der Lösungsstrategie erarbeiten.
3. Verabsolutierung des „gesunden Menschenverstandes"
   Folge: Man verkürzt die Vielfalt möglicher Faktoren. Ein Beispiel: Sich mit einem Problem zu beschäftigen muss nicht durchweg negativ für den Betroffenen sein (sodass wir die Tendenz zur Vermeidung aus Vernunft unterstellen könnten); er kann darin auch (heimliche) Vorteile und (verborgene) Gewinne entdecken.

Kommunikation in verfahrenen Situationen

Öffnende Fragen	▪ Wie sieht die andere Seite den Sachverhalt? ▪ Welche Erklärung bietet die Gegenseite für das Zusammenspiel verschiedener Faktoren an? ▪ Welche positiven Aspekte und Ansätze gibt es? ▪ Wann oder bei wem tritt das Problem nicht auf? ▪ Wer hat was schon gut hinbekommen? ▪ Was ist in Ordnung und sollte so bleiben?
Nach dem Gegenteil fragen	▪ Wer wäre am meisten überrascht (enttäuscht, erfreut), wenn es das Problem plötzlich nicht mehr gäbe? ▪ Wer würde etwas vermissen? Warum?
Unerwartete Frage stellen	▪ Worin könnten für den Störenfried Vorteile liegen?

Grundsätzliches: Prävention

Die Klassenführungskompetenz des Lehrers ist eine wesentliche Grundlage für eine gute Unterrichtsarbeit. Gert Lohmann (2003) hat in seinem Buch „Mit Schülern klarkommen" anschauliche Merkmale für einen professionellen Umgang mit Unterrichtsstörungen und Disziplinkonflikten beschrieben. Einigen allgemeinen Hinweisen folgt eine Checkliste für angemessene Lehrerstrategien.

Unterrichtsstörungen lassen sich in vielen Fällen durch vorbeugendes Verhalten vermeiden. Dabei sollte der Lehrer Raum für nicht lernzielbezogene Befindlichkeiten lassen, Kompromisse eingehen, Störungen thematisieren, bevor sie akut werden, eindeutig, durchschaubar und konstant und konsequent handeln sowie Freundlichkeit und Bestimmtheit miteinander verbinden.

- Zur Verbesserung des Lernmilieus: Die Schüler ernst nehmen, sie in ihren Stärken bestätigen, sie bei der Überwindung ihrer Schwächen unterstützen, ihre Lernmotivation fördern, Langeweile vermeiden.
- Zur Verbesserung der Gruppendynamik: Für ein positives emotionales Klima, gegenseitiges Akzeptieren, eindeutige Normen, für konstruktive Bewältigung von Konflikten sorgen, den Gruppenfokus aufrechterhalten, Aktivitäten fördern, dem Außenseitertum und der Cliquenbildung entgegenwirken, Wichtiges von Unwichtigem unterscheiden.

Verhaltensweisen (Unterrichtstechniken) zur Realisierung von Erziehungszielen

Es ist zweckmäßig ...	Es ist unzweckmäßig ...
die Namen der Schüler möglichst schnell zu lernen	die Namen der Schüler erst kurz vor der Erteilung von Zensuren zu lernen
die Stunde mit dem Ende des Klingelzeichens zu beginnen	den Klassenraum erst mehrere Minuten nach dem Klingeln zu betreten
die Schüler durch ständiges Training daran zu gewöhnen, mit dem Klingelzeichen auf ihren Plätzen zu sitzen und Privatgespräche einzustellen	die Stunde zu beginnen, wenn noch Unruhe herrscht

Es ist zweckmäßig ...	Es ist unzweckmäßig ...
▨ vor Beginn des Unterrichts fehlende Schüler festzustellen und auf Verspätungen zu reagieren; auf atmosphärische Beeinträchtigungen der Stunde (Aufgeregtheit der Schüler, Unordnung im Klassenraum) in angemessener Weise zu reagieren	▨ den Unterricht zu beginnen, ohne sich über die Situation in der Klasse zu informieren; jede Kleinigkeit zu „thematisieren"
▨ von der ersten Stunde an das Muster Denken–Melden–Sprechen (Zuhören) einzuüben	▨ die (mehrere) Schüler während des Unterrichts gleichzeitig sprechen zu lassen
▨ „Äußeres" durch beharrliches Wiederholen selbstverständlich werden zu lassen (Arbeitsmittel dabeihaben, sauberes Arbeiten); Kreide, Folienschreiber, Tafellappen stets mit sich zu führen	▨ auf „Äußeres" keinen Wert zu legen; Schüler während der Unterrichtsstunde loszuschicken, damit sie Kreide, Wandkarten, den Diaprojektor oder Bücher herbeiholen
▨ die Stunde entweder mit einer wirksamen Problemstellung zu beginnen oder an die Schüler eine klare Leistungsanforderung zu stellen	▨ die Stunde ohne vorbereitete Eröffnung oder ohne klaren Arbeitsauftrag zu beginnen
▨ bei der Übernahme einer Lerngruppe einen Katalog der Leistungsanforderungen und Bewertungsmaßstäbe vorzulegen	▨ die Schüler über die Maßstäbe der Leistungsbewertung im Unklaren zu lassen
▨ die Hausaufgaben vor dem Klingeln zu stellen (zu diktieren); sie sorgfältig vorzubereiten; auf Abwechslung zu achten, sie zu kontrollieren und zu würdigen	▨ Hausaufgaben nach dem Klingelzeichen laut in die Klasse zu rufen; Hausaufgaben ohne klar umrissenen Arbeitsauftrag zu stellen; sie weder zu überprüfen noch anzuerkennen
▨ jede Stunde in deutlich unterschiedene Phasen zu gliedern und die Methoden entsprechend zu wechseln (ein Abschnitt in jeder Stunde: eine schülerorientierte Arbeitsphase)	▨ eine einzige Methode während einer ganzen Stunde zu praktizieren
▨ die Arbeitsformen Partnerarbeit und Gruppenarbeit systematisch einzuüben	▨ anzunehmen, Schüler könnten Partnerarbeit und Gruppenarbeit ohne intensives Training sinnvoll leisten

Es ist zweckmäßig ...	Es ist unzweckmäßig ...
sprachliche Impulse so präzise und vollständig zu formulieren, dass sie nicht abgewandelt zu werden brauchen	hastig immer neue Impulsvarianten hervorzubringen
in jeder Stunde Begriffe und Sachverhalte entschieden zu klären	amorphe Unklarheit als sinnvolles Ergebnis von Unterricht anzusehen
etwas weniger Stoff durchzunehmen, aber dafür mehr Übung, methodische Schulung und Anwendung des Gelernten vorzusehen	sich Lernfortschritte der Schüler ohne ständiges Üben und Wiederholen zu erhoffen
klare Anweisungen zu geben, welche Arbeitsmittel in der jeweiligen Phase benutzt werden müssen	einen Schüler an der Tafel eine Aufgabe lösen zu lassen, während andere in ihren Büchern blättern oder sich unterhalten
auf einen klar gegliederten Tafelanschrieb als Ergebnissicherung zu achten; eindeutig mitzuteilen, wenn ein Tafelanschrieb ins Heft zu übernehmen ist	die Tafel mit ungeordneten und schwer lesbaren Notizen zu füllen; mit einem Teil der Schüler das Gespräch weiterzuführen, während ein anderer Teil noch abschreibt
Klassenarbeiten und Tests durch Übungen vorzubereiten; Fragen nach den inhaltlichen und methodischen Schwerpunkten eindeutig, vollständig und rechtzeitig zu beantworten	Fragen nach den Inhalten der bevorstehenden Lernzielkontrolle schwammig oder zu allgemein zu beantworten
Medien sparsam, lernzielbezogen und funktional einzusetzen; und das einzuüben, was die Medien nicht leisten können: Genauigkeit, Gründlichkeit, Konzentration	im Unterricht mit den Massenmedien konkurrieren zu wollen; Medienüberflutung fördert rezeptives Verhalten und behindert die Konzentration

Es ist zweckmäßig ...	Es ist unzweckmäßig ...
die konzentrierte Mitarbeit der Schüler dadurch zu fördern, dass – die Stunden sinnvoll aufgebaut sind – klare Ergebnisse herauskommen – eine Erkenntnis lautet: nur durch Fleiß, selbstständiges Mitarbeiten und Mitdenken sind Lernfortschritte möglich	die konzentrierte Mitarbeit der Schüler durch Mahnungen, Appelle, gutes Zureden und Diskussionen erreichen zu wollen
konsequent zu sein: folgerichtig und widerspruchsfrei zu handeln, ohne in Starrsinn oder Rechthaberei zu verfallen	Erziehungsmaßnahmen wiederholt anzudrohen, sie jedoch nicht anzuwenden; rechtlich fragwürdige oder unzulässige Maßnahmen zu beschließen
sich sachkundig zu machen über Erziehungs- und Ordnungsmaßnahmen; die Hausordnung der Schule zu kennen	Erziehungsmaßnahmen zu improvisieren und ohne Kenntnis der Rechtsgrundlagen durchzuführen

5 Das Sechs-Wochen-Programm

Nicht für die Schule,
sondern für das Leben lernen wir.

Selbstdisziplin ist eine grundlegende Fähigkeit und sollte nicht nur im schulischen Kontext trainiert werden. Wenn Schülerinnen und Schüler erkennen, dass ein Projekt zur Förderung der Selbstdisziplin ihnen auch in ihrem sonstigen Leben zugute kommt, werden sie stärker motiviert sein, sich mit diesem Verfahren auseinander zu setzen und sich zu engagieren.

Das Training im Unterricht mithilfe der hier angebotenen Materialien dauert etwa sechs Wochen. Mit den Zusatzmaterialien werden den Schülern nun Kleinprojekte angeboten, die je etwa 14 Tage in Anspruch nehmen. Sie werden jeweils in der ersten Woche vorgestellt und besprochen, während der folgenden Woche erprobt und anschließend auf ihre Wirkung hin überprüft. Diese als „Mini-Projekte" bezeichneten Lerneinheiten beziehen sich auf das Lernen außerhalb der Schule, auf den Aufbau neuer positiver Verhaltensweisen (bzw. den Abbau schlechter Gewohnheiten) und auf den Bereich eines Hobbys (hier: Sport).

Die vorgestellten Mini-Projekte sollen den Schülern zeigen, dass es beim Thema „Verbesserung der Selbstdisziplin" nicht um Disziplinierung geht, sondern um die Fähigkeit, das eigene Verhalten besser zu steuern. So erkennen sie zum einen, dass die Prinzipien „Selbstbeobachtung", „Ziele setzen" und „Selbstbewertung" helfen, bestimmte persönliche Ziele eigenverantwortlich zu verwirklichen. Zum anderen wird ihnen klar, dass sich diese Grundsätze auch außerhalb der Schule günstig auswirken. Ist aber einmal der generelle Nutzen erkannt, werden mögliche Vorbehalte gegenüber diesen Prinzipien schwächer sein.

In diesem Sinne sind die Mini-Projekte optional einsetzbar; sie entwickeln ihre Wirkung aus der Erfahrung, die die Schülerinnen und Schüler mit diesen Lerneinheiten machen.

Der Rahmen bringt's

We ask for strength and life gives us difficulties,
which make us strong.
(Indianerweisheit)

Wohl die meisten Menschen haben ihre liebe Mühe damit, gute Vorsätze auch tatsächlich umzusetzen. Dass zum Beispiel eine fehlende Einteilung und Gewichtung der zu erledigenden Arbeiten in ein strapaziöses „Wursteln" unter Zeitdruck mündet, ist hinreichend bekannt. Ratgeber zur Terminplanung füllen in den Buchhandlungen ganze Regale. Sie helfen uns auch weiter (bei gutwilligem Erproben), aber eben nur für drei bis vier Wochen, dann setzt der alte Schlendrian wieder ein. Ähnlich ergeht es den „guten Vorsätzen", die wir sicher alle aus unserem Privatleben kennen:

- Ich will mich nur noch auf das Wichtige konzentrieren.
- Ich will weniger vor dem PC (Fernseher, vor sonstigen Medien) sitzen.
- Ab morgen mache ich Sport, und zwar regelmäßig.
- Ich ernähre mich nur noch gesund.
- Ab sofort reserviere ich mehr Zeit für die Familie.

Und was man sich sonst noch so vornehmen mag: abnehmen, mit dem Rauchen aufhören, weniger (mehr) arbeiten und Weiteres mehr.

Im Regelfall scheitert das hehre Projekt. Erfahrungsgemäß steckt der Wurm in der fehlenden Systematik. Neues (Besseres) muss man üben und trainieren, bis es zu einer vertrauten Handlungsweise geworden ist. Zugegeben: Das kann bis zu einem halben Jahr dauern. Bleibt also die Frage, woher die Selbstdisziplin über einen so langen Zeitraum hinweg kommen soll. Am besten schauen wir uns das genauer an, was gut oder wenigstens zufrieden stellend klappt.

Wir gehen zur Arbeit, *weil das unseren Lebensunterhalt sichert.* Wir besuchen Verwandte, die uns eigentlich recht gleichgültig sind, *weil wir die familiären Bande nicht zerreißen wollen.* Wir sind freundlich zu Menschen, denen wir lieber ausweichen möchten, *weil wir spüren, dass es auch auf unseren Beitrag zum Funktionieren des Zusammenlebens ankommt.* Wir legen zu manchen Anlässen Kleidung an, in der wir uns nicht wohl fühlen, *weil wir akzeptieren, dass in bestimmten Situationen eine passende äußere Form gewahrt werden sollte.*

Was ist diesen Beispielen gemeinsam, die zeigen, dass wir sehr wohl „durchhalten" können? Dass Umstände im Spiel sind, die uns helfen, den so genannten inneren Schweinehund niederzuringen. Ist ein bestimmter Rahmen gegeben, zieht unsere Unlust (Bequemlichkeit) den Kürzeren. Wenn Freund W. mich immer am Mittwochnachmittag zum Joggen abholt, laufe ich mit, ob ich Lust habe oder nicht. Die Teilnahme an der Fachkonferenz ist schon dadurch gewährleistet, dass Konferenzen grundsätzlich auf einen bestimmten Wochentag gelegt werden; so überlegt jeder sorgfältig, bevor er an diesem Tag eine Unternehmung startet. Heben wir also die äußeren Umstände in den Rang, den sie verdienen.

Fragen Sie sich selbst:

▨ Unter welchen Umständen erledigen Sie dann doch Dinge, zu denen Sie eigentlich keine Lust haben oder die Ihnen zu unbequem sind?

▨ Wenn Sie Ihre eigenen Erfahrungen anschauen: Welche Umstände machen es Ihnen besonders leicht, das Richtige (Dringende) zu tun?

▨ Welche äußeren Einflüsse haben Sie für sich selbst als günstige Rahmenbedingungen erkannt?

Die Antworten zeigen Ihnen das Gerüst günstiger Umstände in Ihrem Leben und geben Anhaltspunkte, inwiefern Sie Einfluss darauf nehmen können. Möglich, dass Sie überrascht feststellen, wie Sie plötzlich Dinge, die Ihnen wichtig sind, geradezu automatisch erledigen. Die Erkenntnis, dass Rahmenbedingungen gewünschtes Verhalten stützen können und dass man selbst Einfluss darauf nehmen kann, muss auch den Schülerinnen und Schülern vermittelt werden.

Mini-Projekt 1: Lernen fürs Leben – nicht nur für die Schule

Einführend informiert der Lehrer, die Lehrerin über formale und inhaltliche Aspekte der Projekteinheit:

„Gemeinsam führen wir ein Programm zur Verbesserung unserer Unterrichtsarbeit durch. Wir werden systematisch vorgehen, um Veränderungen zu erreichen. Es ist notwendig, dass wir uns kritisch mit unserem Verhalten auseinander setzen, Ziele festlegen, uns beobachten und Veränderungen notieren.

Ich möchte euch (neben unserem Klassenprojekt) drei kleine Projekte vorschlagen, die euch helfen, euer Verhalten selbst so zu steuern, wie ihr es gern möchtet. Das ist natürlich nicht nur in der Schule wichtig, sondern eigentlich überall, in allen Bereichen des Lebens: zu Hause, beim Sport, in der Clique ... Erfahrungen, die ihr hier sammelt, könnt ihr also immer wieder in eurem Leben nutzen.

Sieben Regeln für erfolgreiches Arbeiten: anfangen und dabeibleiben

Vorab: Eine Regel, positiv verstanden, gibt Orientierung, eine Empfehlung, wie man etwas machen, etwas Bestimmtes erreichen kann.

Wähle einen festen Zeitpunkt
Ein fester Arbeitsbeginn hilft dir, den „inneren Schweinehund" zu überwinden und mit dem Lernen zu beginnen. Dies gilt auch für den festen Arbeitsplatz. Falls du die festgelegte Lernzeit an einem Tag nicht einhalten kannst, bestimmst du für diesen Tag eine neue, aber wiederum verbindliche Lernzeit. Auch sie wirkt dann als Signal, das dir hilft, dich auf das Lernen einzustellen.

- Lege die Reihenfolge der Arbeitsschritte fest. Einige vorausgeschobene Gedanken zum Vorgehen regen dein Gehirn an und lenken die Konzentration schon auf die Aufgaben:
- Was willst du zuerst erledigen, was später?

_____

- Wie schwer sind die einzelnen Aufgaben?

_____

- Wie lange soll jede Aufgabe dauern?

_____

- Welche werden dir Spaß machen, welche sind langweilig?

_____

- Bei welchen erwartest du Schwierigkeiten?

_____

Verwende einen „Gedanken-Mülleimer"
Setze dich überhaupt erst einmal an den Schreibtisch. Wenn dir dann Gedanken durch den Kopf gehen, wie „Ich muss noch Blumen gießen", „Eigentlich müsste ich erst mal den Hund Gassi führen", „Mathe kann ich eh nicht" usw., dann schreibe diesen Gedanken einen nach dem anderen auf einen kleinen Zettel.

Das vollständige Material finden Sie auf der CD-ROM.

Ihr könnt lernen, eure Arbeit zu Hause (zum Beispiel Vorbereitungen auf Klassenarbeiten, Hausaufgaben, Referate) besser zu organisieren. Wer gut organisiert ist, spart Nerven und Zeit. Habt ihr schlechte Gewohnheiten? Die haben wir alle, aber man kann etwas dagegen unternehmen. Viele von euch sind sportlich aktiv. Wie steigern eigentlich Sportler ihre Leistungsfähigkeit? Dazu gibt es bestimmte Techniken, die man lernen kann und die auch anderswo sehr nützlich sind.

Wir werden drei Mini-Projekte durchführen, die jeweils zwei Wochen dauern. Lasst euch ermuntern, das Gelernte auch außerhalb der Schule anzuwenden!

Das erste Mini-Projekt hilft euch, die Arbeit im häuslichen Bereich besser zu organisieren. ‚Ohne Fleiß kein Preis‘ – ihr alle wisst, dass Übung und Training wichtig sind, um gute Leistungen zu erzielen. Hausaufgaben und das regelmäßige Wiederholen von Lernstoff helfen, bessere Leistungen in der Schule zu erzielen. Nach Schulschluss fällt es vielen schwer, mit den Hausaufgaben zu beginnen, sie vollständig zu erledigen oder regelmäßig bestimmten Lernstoff zu wiederholen. Ihr könnt es schaffen: Besiegt den ‚inneren Schweinehund‘!“

Nach dieser motivierenden Einführung werden die Schülerinnen und Schüler zunächst aufgefordert, einen Bereich auszusuchen, der ihnen persönlich wichtig ist und in dem sie ihre Leistungen gern verbessern würden: zum Beispiel die Schule, ein Musikinstrument, eine sportliche Disziplin. In der ersten Woche sollten sie lediglich ihr eigenes Verhalten beobachten: Wann arbeiten sie im ausgewählten Bereich, was macht ihnen die Arbeit, die Übung, das Training leicht/schwer, warum halten sie durch, warum nicht? Ein Selbstbeobachtungsbogen (Materialien 4 bis 7) hilft, die Erkenntnisse zu dokumentieren.

Material 14

Aber-aber-Sätze

In dieser Übung kannst du trainieren, Ausreden zu besiegen. Schreibe als Erstes in die linke Spalte einen Aber-Satz, mit dem du etwas, was du eigentlich machen müsstest, verweigerst. Notiere dann in der mittleren Spalte, was du als Vorwand (Ausrede) benutzt hast, um die Arbeit nicht erledigen zu müssen. (Falls dir zum zweiten Schritt einmal nichts einfällt, schreibe trotzdem einen Aber-aber-Satz in die Spalte rechts.)

Schreibe zum Schluss jeweils einen Aber-aber-Satz in die rechte Spalte.
Die ersten beiden Eintragungen sind als Beispiele gedacht.

Aber-Satz	Vorwand, Ausrede	Aber-*aber*-Satz
... *aber* ich bin nicht in der Stimmung.	Um arbeiten zu können, muss ich mich richtig gut fühlen.	... *aber* ich werde mich trotzdem hinsetzen, denn optimal bin ich nur selten drauf.
... *aber* ich muss vorher das Chemie-Experiment machen.	Bevor ich an den Aufsatz gehen kann, muss das Experiment fertig sein.	... *aber* das Experiment muss ich doch erst nächste Woche abgeben. Dann beginne ich jetzt mal mit dem Aufsatz.
Dein erster *Aber*-Satz ...	Dein Vorwand, deine Ausrede	Dein Aber-*aber*-Satz
Dein zweiter *Aber*-Satz ...	Dein Vorwand, deine Ausrede	Dein Aber-*aber*-Satz
Dein dritter *Aber*-Satz ...	Dein Vorwand, deine Ausrede	Dein Aber-*aber*-Satz

Zu Beginn der zweiten Woche werden die Ergebnisse in der Klasse ausgetauscht. Dann kann es weitergehen: Die Schülerinnen und Schüler lernen Techniken beziehungsweise Verhaltensregeln kennen, die helfen, disziplinierter zu arbeiten. Anschließend kann sowohl in kleinen Gruppen als auch in der gesamten Runde darüber gesprochen werden, was geholfen hat oder wo Schwierigkeiten aufgetreten sind. Die Materialien 13 „Sieben Regeln für erfolgreiches Arbeiten", 14 „Aber-aber-Sätze" und 15 „Was könnte besser werden" sowie Material 16 „Sei dein eigener Manager" helfen, das eigene Vorgehen strukturiert zu verändern (alle Materialien sind vollständig auf der CD-ROM zu finden).

Nachdem die Schüler die Regeln für erfolgreiches Starten erprobt haben, tauschen sie in kleinen Gruppen ihre Erfahrungen aus. Sie stellen eventuell Fragen fürs Plenum zusammen. Der Lehrer betont noch einmal, dass es dabei um persönlich passende Regeln geht.

Ausgeprägte Selbstdisziplin im Schulalltag?
In Musik-Klassen!

Das weiß man zumindest in Niedersachsen nach einigen Jahren Praxis: Die Arbeit in einer Klasse mit erweitertem Musikunterricht („e-Zweig") bringt auch in anderen Fächern erfreulich gute Ergebnisse hervor. Kein Wunder, dass diese Lerngruppen im Kollegium einen besonderen Ruf genießen (und begehrt sind); das Unterrichten macht mehr Spaß, die inhaltlichen Leistungen liegen fast immer deutlich über dem Niveau der Parallelklassen.

Dies mag zum einen generell am Einfluss des Elternhauses liegen. Häufig wird sich das Interesse der Eltern an der Musik wie überhaupt an kulturellen und ästhetischen Fragen motivierend auf das Kind auswirken. Denkbar erscheint aber zum anderen, dass eine Grundlage des erfolgreichen gemeinsamen Musizierens auch dem schulischen Lernen in besonderer Weise zugute kommt: ein hohes Maß an Selbstdisziplin. Ohne sorgfältige Planung keine vernünftige Einteilung der Kräfte und des Zeitbudgets, ohne beharrliches Üben kein Fortschritt in Technik und Ausdruck.

So darf bei aller vorsichtigen Abwägung der unterschiedlichen Faktoren, die beim „besonderen Ruf" der e-Klassen zusammenspielen, die permanent gefragte (und immer wieder neu praktizierte) *Selbstdisziplin* als Kern der beeindruckenden Leistungen vermutet werden.

Mini-Projekt 2: Gegen schlechte Gewohnheiten angehen

Wenn ein bestimmtes Verhalten sich einmal verfestigt hat, kommt man nur mühsam aus der eingespielten Gewohnheit wieder heraus. Nötig kann dies aber werden, wenn das Verhalten sich langsam zu einem Problem entwickelt. Hilfreich ist es dann, ein großes, unübersichtliches Problemfeld in überschaubare Teilgebiete zu gliedern und dort mit den Korrekturen anzusetzen. „Korrekturen" heißt in diesem Zusammenhang: „Ziele setzen". Wer weiß, wohin er will, kann besser überlegen, wie ihm das gelingt.

Einige sehr nützliche Tipps können den Schülern helfen, Selbstdisziplin und Motivation zu entwickeln. Material 16 „Sei dein eigener Manager" (S. 82) bietet dazu ein sechsstufiges Programm an.

Manchmal sind Gewohnheiten so festgefahren, dass man gar nicht mehr weiß, wie man da überhaupt irgendetwas sortieren, geschweige denn neue Ziele formulieren soll. Dann kann es hilfreich sein, ein Zeichen zu setzen: Ab morgen ist Schluss! Man zwingt sich selbst, die Absicht zur Veränderung ernst zu nehmen und Energien auf die Frage zu verwenden, wie diese zu erreichen ist. Wer jeden Nachmittag vor dem Fernseher verbringt und die Kurve an den Schreibtisch nicht mehr bekommt, der braucht vielleicht einen bewusst festgelegten fernsehfreien Tag. Wer seinen Schreibtisch derart mit Büchern und Heften vollpackt, dass er nicht einmal mehr Platz für ein Schreibheft hat, muss vielleicht einen Nachmittag nur aufräumen. Wer stundenlang am Telefon mit der Freundin plaudert, bis die Schule so weit weg ist, dass sich nicht einmal mehr Erinnerungen an Hausaufgaben einstellen, sollte sich vielleicht einen telefonfreien Tag verordnen. Es geht darum, Raum für Besinnung und Planung zu schaffen. Neue Ziele lassen sich dann leichter formulieren. Material 17 „Einen Stopp-Tag vorbereiten" (S. 83) hilft, eine solche private Auszeit zu organisieren.

Material 16

Sei dein eigener Manager!

Die Anregungen helfen dir, Vorhaben zu planen, sie gezielt anzugehen und deine Ziele zu erreichen:

1. Lege ein Ziel fest
Beschreibe genau und konkret, was du erreichen möchtest. Eine klare Wunschvorstellung beflügelt die Fantasie und setzt Kräfte frei.

2. Orientiere dich an einem Vorbild
Wer hat ein ähnliches Ziel bereits einmal erreicht? Ein Vorbild ist in zweierlei Hinsicht wichtig. Es zeigt dir zum einen, dass das Ziel erreichbar ist, und gibt zum anderen ein Beispiel, auf welche Weise, mit welchen Mitteln der Erfolg errungen werden kann.

3. Stelle dir in deiner Fantasie das Erreichen des Zieles als Bild vor
Eine solche anschauliche, erfreuliche Vorstellung fördert dein Durchhalte-vermögen, denn dir ist klar, zu welchem Zweck du deine Kräfte anstrengst.

4. Plane den Weg
Mache dir klar, womit und auf welche Weise du starten willst, welche Schritte auf dem Weg zum Ziel dann noch folgen müssen und wie du diese Stationen jeweils meistern willst. Fertige eine Mind-Map dazu an, dann hast du auf einen Blick sowohl das ganze Projekt als auch die einzelnen Etappen vor Augen; durch Beschriftung wird alles noch konkreter.

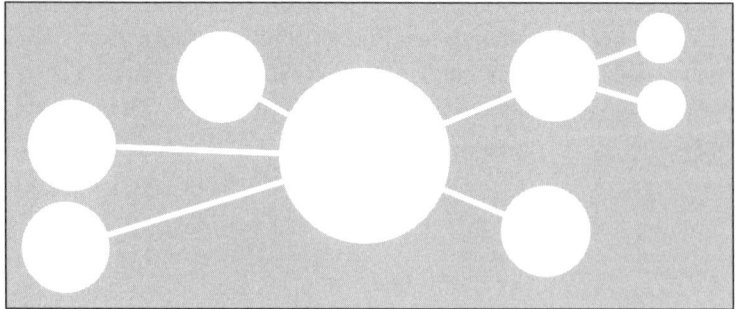

Das vollständige Material finden Sie auf der CD-ROM.

Material 17

Einen Stopp-Tag vorbereiten

1. Lege fest: Welche schlechte Gewohnheit möchtest du verändern?

_____

_____

_____

2. Setze einen Stopp-Tag fest
Wähle ein Datum aus, von dem ab du deine Gewohnheit veränderst! Dieser Tag sollte am besten in den kommenden zwei Wochen liegen, damit du dein Ziel nicht aus den Augen verlierst. Es ist hilfreich, eine weniger stressreiche Zeit auszuwählen, weil dir der Neustart dann leichter fällt.
Datum:

_____

3. Schreibe drei wichtige Gründe auf, warum du dein Verhalten ändern möchtest:

_____

_____

_____

_____

Denke jeden Abend vor dem Zu-Bett-Gehen an einen Grund und sage ihn dir fünfmal auf! Zu wissen, welche Vorteile ein neues Verhalten bringt, hilft dir durch die schwierigere Anfangszeit hindurch.

4. Suche dir Unterstützung
- Informiere deine Freunde und deine Familie!
  Sie können dir helfen oder dich an deine guten Absichten erinnern.
- Überlege dir Alternativen für die Situationen, in denen du bisher deiner schlechten Gewohnheit Raum gegeben hast! Geh z. B. nach dem Mittagessen ein wenig an die frische Luft, statt dich vor den Fernseher zu setzen.

5. Schreibe am Vorabend ein großes Plakat: „Ab morgen will ich ..." und hänge es an deiner Zimmertür auf.

**6. Belohne dich, wenn dein Vorhaben gelingt.
Sei stolz auf dich und erkenne deinen Erfolg!**

7. Wichtig ist, dass du auch bei kleinen Rückfällen in schlechte Gewohnheiten deinen Plan weiter verfolgst. Gib nicht auf!

Mini-Projekt 3: Mentale Stärke kann man lernen

Der bekannte Trainer und Sportpsychologe James E. Loehr hat das Konzept des „mentalen Trainings" entwickelt, das wir in Grundzügen vorstellen. Die Stärkung der Selbstdisziplin ist für Leistungssportler seit langer Zeit eine Selbstverständlichkeit; gerade dies kann Schülerinnen und Schüler vom Wert der Selbstkontrolle überzeugen. Sportler sind häufig ihr Vorbild, den Athleten geht es um Konzentration und gute Leistungen punktgenau im richtigen Moment. Der erfolgreiche, mental starke Sportler lässt keinen Gedanken zu, der seine Leistungsfähigkeit negativ beeinflusst. Dieses Erreichen eines optimalen gedanklichen Zustandes geschieht beispielsweise mit Hilfe von Ritualen. Tennisspieler lassen den Ball dreimal aufspringen, bevor sie aufschlagen. Bewusstes Atmen dämpft aufkeimende Stressreaktionen und die im Kopf vorweggenommene bildhafte Vorstellung von einem bestimmten Bewegungsablauf koordiniert Muskeln und Geist. So unterscheidet sich der mental starke Könner – den die Lust an der Routine und an sportpsychologischen Techniken zum Sieger macht – von einem Wettkämpfer, der aufgrund psychischer Schwäche trotz körperlicher Topform das Nachsehen hat. Ein besonders plastisches Beispiel dafür, welch hoher Grad an Selbstdisziplin einem engagierten Sportler abverlangt werden kann, ist der Verhaltenskodex der Dojo-Karatesportler.

Beispiel: Verhaltenskodex im Dojo-Karate

1. Für uns Karateka ist unser Dojo eine Stätte der inneren Sammlung und Ruhe, ein Ort der Konzentration und der Höflichkeit. Lautes und aufdringliches Verhalten und Gebaren sind uns daher ein Gräuel.
2. Beim Betreten oder Verlassen unseres Dojos grüßen wir mit einer leichten Verbeugung. Dieser Gruß gilt zunächst der Übungsstätte und dem Karate-Do, aber auch unserem Lehrer (Sensei) und unserer Übungsgruppe.
3. Klatschen oder gar Pfeifen sind in einem Karate-Dojo völlig fehl am Platz! Unsere Zustimmung drücken wir lieber durch aufmunternden Zuspruch „Oss" sowie besonderen Einsatz und Anstrengung aus.
4. Vermeide es unbedingt, verspätet zum Karateunterricht zu kommen. Sollte dies dennoch einmal der Fall sein, so grüße Lehrer und

Gruppe kurz mit einer leichten Verbeugung, spar dir alle Erklärungen und Ausreden und warte auf ein Zeichen deines Lehrers, dich dort in der Gruppe einzuordnen, wo du als „Zuspätkommer" am wenigsten störst: ganz hinten nämlich!

5. Das Verlassen des Dojos während des Trainings gilt als unhöflich. Ist es dennoch einmal unumgänglich, so zeige deinem Lehrer die Absicht durch eine leichte Verbeugung an und warte auf seine Bestätigung. Melde dich auch wieder genauso korrekt zurück.

6. Unterbrich nicht den Unterricht (die Erläuterungen des Lehrers) durch Fragen oder gar durch „kluge" Einwände! Nach den Erläuterungen ist noch genug Zeit, Fragen und Einwände zu klären und zu besprechen.

7. Versuche immer, durch dein Verhalten und deine Mitarbeit zu einem reibungslosen Unterrichtsverlauf beizutragen. Sei immer aufmerksam, schnell und konzentriert.

8. Sei ernsthaft! Wenn du die ganze Sache nur von der lustigen Seite nehmen willst, so such dir bitte schnell eine andere „Sportart" aus.

9. Sei höflich! Zeige deinem Übungspartner, dass du ihn achtest. Streng dich an, ein fairer und guter Partner zu sein.

10. Sei stark! Setz dich während des Unterrichts nicht unaufgefordert hin; leg dich nicht hin, während sich deine Kameraden bei einer Übung anstrengen. Während des Unterrichts stütz dich nicht ab, verlasse nicht deinen Platz, zappele nicht unnötig herum: Ein Karateka hat seinen Geist und seinen Körper immer unter Kontrolle!

11. Sei beherrscht! Zeige in allen Situationen Selbstdisziplin und wahre die Beherrschung! Lerne deine positiven und negativen Emotionen zu unterdrücken. Mache zum Beispiel wegen einer Bagatellverletzung kein großes Aufheben, kämpfe kontrolliert und konzentriert weiter.

12. Sei gründlich! Bereite alle Übungen konzentriert vor, schließe alle Übungen bewusst und konzentriert ab, dann erst

Material 18

Mentales Training I: Ankerpunkte

Darauf musst du achten:
Richte deine Aufmerksamkeit mit aller Macht auf etwas Bestimmtes.

Wirkung der Übung:
Durch die Konzentration auf einen Punkt konzentrierst du dich insgesamt; zielgerichtetes Verhalten hilft dir, etwas in Gang zu setzen.

So kannst du die Ankerpunkte im Unterricht nutzen:
- Bereite dich innerlich vor, stimme dich ein. Nimm dir vor, in der Stunde aufmerksam zuzuhören, du wirst hierdurch deine Konzentration verbessern. Du entwickelst durch deine höhere innere Bereitschaft eine größere Energie.

- Bleibe immer „am Ball", indem du Fragen stellst. Wenn dein Interesse an dem Stoff der Stunde nachlässt, kannst du durch gezieltes Nachfragen das Thema wieder zu dir heranholen. Erkundige dich im Besonderen nach unbekannten Wörtern und unvertrauten Gedankengängen.

- Höre richtig zu. Versuche, bei einem Thema das Wichtige vom Nebensächlichen zu unterscheiden. Achte im Unterricht auf bestimmte Hinweise des Lehrers.
  So könnte er zum Beispiel zu Beginn sagen: „Bei diesem Vorgang waren drei Faktoren entscheidend. Ich werde sie im Einzelnen erläutern." Notiere rasch in dein Heft 1., 2. und 3. (mit genügend großem Abstand) und füge dann, wenn dein Lehrer die Einzelheiten erläutert, jeweils die Kernaussage stichwortartig hinzu.

- Lenke deinen Blick und damit deine Aufmerksamkeit auf das Wesentliche. Verfolge konzentriert zum Beispiel die einzelnen Schritte des physikalischen Versuchs oder schaue den Schüler an, der gerade eine Antwort gibt.

- Beachte den roten Faden: Mach dir während der Stunde von Zeit zu Zeit deutlich, ob dir noch klar ist, worum es im Augenblick geht. Ist der Faden gerissen, frage nach.

(Nach: KOWALCZYK/OTTICH ²1996, S. 25–26)

Material 19

Mentales Training II: Rituale

Darauf musst du achten:
Führe bestimmte Handlungen (vergleiche Einwurf, Aufschlag im Sport)
immer auf die gleiche Art und Weise aus. Achte auf die Klarheit der
Rituale und behalte sie vor allem auch dann bei, wenn du unter Druck
stehst und die Schwierigkeiten zunehmen.

Wirkung:
Rituale vertiefen die Konzentration, fördern die Muskelentspannung und
tragen dazu bei, dass du im Rhythmus bleibst. Sie verhindern unbe-
dachtes (emotionales) Reagieren aus Nervosität.

So unterstützen dich Rituale beim Lernen:
Wenn du etwas lernen willst, dann kann es sehr sinnvoll sein, bestimmte
Dinge zu bestimmten Zeiten mehrfach zu wiederholen: zum Beispiel
jeden Tag nach den Hausaufgaben 10 Minuten Arbeit mit der Vokabel-
kartei, jeden Sonntag nach dem Mittagessen ein Diktat oder Ähnliches.
Finde heraus, was dir am besten gelingt, lege es als Verfahren fest und
weiche nicht mehr davon ab.

Um eine Klassenarbeit vorzubereiten, empfiehlt sich ein festgelegter
Sechstageplan:
Rechne vom Datum der Klassenarbeit sechs Tage zurück und fange an.

1. Tag	Bestandsaufnahme: Was wird in der Arbeit gefordert, was kannst du bereits, was musst du noch lernen? Wenn du unsicher bist, was abgefragt wird, dann frage gezielt bei deinem Lehrer nach. Noch hast du Zeit genug, dich vernünftig vorzubereiten. Teile den Stoff ein und verteile die Häppchen auf die kommenden drei Tage. Schreibe auf, an welchem Tag du was lernen möchtest.
2.–4. Tag	Lernen nach Plan.
5. Tag	Gesamten Stoff wiederholen.
6. Tag	Du hast frei!
7. Tag	Klassenarbeit schreiben.

Material 20

Mentales Training III: Gelassen sein

Darauf musst du achten:
Versuche, nach außen entspannt, ruhig, unverkrampft zu wirken.
Vermittle den Eindruck, ohne Anspannung und in völliger Souveränität an eine Herausforderung heranzugehen. Arbeite unbedingt
auch innerlich an einer gelassenen Einstellung.

Wirkung:
Entspanntheit und Gelassenheit (eine positive Selbstbeeinflussung)
erhöhen deine Leistungsfähigkeit.

So kannst du gelassen werden:
1. Sprich dir Mut zu.
Wenn du im Unterricht oder in Prüfungen unruhig wirst, kannst du
dich selbst beruhigen. Sprich dir selbst innerlich fest und bestimmt
diese Sätze vor:
- Jetzt erst recht.
- Ich schaffe das.
- Ich bin gut vorbereitet. (Das sollte natürlich auch stimmen ...)
- Mir geht es gut.
- Ich bin ganz ruhig und konzentriert.
- Es macht mir Spaß, mein Können zu beweisen.

2. Entspann dich:
Atme tief ein und schicke deinen Atem beim Ausatmen bewusst bis
ganz hinunter in die Fußspitzen. Denke an nichts anderes als an
deinen Atem. Atme erneut ein und lege die Luft beim Ausatmen nun
in deine Waden. Atme wieder und wieder und schicke die Luft nach
und nach in deinen ganzen Körper, zum Schluss in deinen Kopf.
Während des Atmens wirst du ruhiger, der Herzschlag verlangsamt
sich und dein Kopf wird frei.
Am besten trainierst du diese Atemtechnik regelmäßig.

kannst du Körper und Geist entspannen. Wehre dich gegen Müdigkeit, Unlust und Unaufmerksamkeit.

13. Sei beständig! Du hast dich entschlossen, Karate zu lernen. Nun besuche regelmäßig deinen Unterricht. Dein Lehrer und deine Partner mögen es gar nicht, wenn du sie zu unnötigen Wiederholungen zwingst, nur weil du zu träge warst, den Unterricht ernst zu nehmen.

James E. Loehr stellt als Aufgabe für denjenigen, der seine Möglichkeiten optimal nutzen möchte, das Ausbalancieren des Geistigen mit dem Physischen in den Mittelpunkt. Da der Körper und die Gefühlswelt sehr eng miteinander verbunden sind, gelingt es uns häufig, die Emotionen zu beherrschen, indem wir unseren physischen Körper unter Kontrolle bringen. Und umgekehrt: Wir können den Körper in den Griff bekommen, indem wir unseren emotio-

Material 21

Mentales Training IV: Umgang mit Fehlern

Darauf musst du achten:
Nur selten liefern wir perfekte Leistungen ab. Selbst wenn es außergewöhnlich gut klappt, unterlaufen uns (kleine) Patzer. Aber: In diesem Fall nehmen wir Fehlgriffe entspannter zur Kenntnis als in Situationen, in denen es schlecht läuft. Nimm also am besten misslingende Abschnitte beim Lernen als fast normale Bestandteile dieser Situation hin und reagiere auf Fehler so gelassen, wie du sie von deinen Erfolgssituationen her kennst.

Wirkung:
Du lernst, aus Fehlern zu lernen und sie nicht mehr als Versagen zu deuten. Menschen müssen Fehler machen, nur so kommen sie weiter.

So kannst du Fehler sinnvoll nutzen:
Du arbeitest nach Fehlern weiter, als sei nichts geschehen. Schau dir an, was du falsch gemacht hast, und präge dir ein, wie es richtig ist.
Kontrolliere deine Arbeiten (im Unterricht wie auch zu Hause) grundsätzlich selbst nach, nachdem sie abgeschlossen sind, und vergewissere dich dabei, dass du alles richtig gemacht hast. Nutze deine Lehrbücher, Nachschlagewerke, frage Eltern, Geschwister, Lehrer – suche die Kontrolle; nur ein entdeckter Fehler bringt

Das vollständige Material finden Sie auf der CD-ROM.

Material 22

Mentales Training V: Nur positive Selbstgespräche zulassen

Negative Gedanken, die dir in den Sinn kommen, kannst du nicht jedes Mal prompt stoppen, aber du kannst ihnen Einhalt gebieten. Reduziere Selbstgespräche während des Lernens zu Hause oder im Unterricht auf ein Minimum. Sollte dies schwierig sein, wandele die negative „Mitteilung" in eine positive Bemerkung um.

Wirkung:
Du vermeidest, dass negative Energie auf dich einwirkt (Skepsis, Mutlosigkeit, Resignation). Die angesprochene Umwandlung in etwas Positives gibt dir die stärkende Gewissheit, Herr im eigenen Haus zu sein.

So helfen dir positive Selbstgespräche:
Da Selbstvertrauen direkt mit Erfolgserlebnissen zu tun hat, solltest du darauf achten, dir realistische Ziele vorzunehmen und sie auch umzusetzen. Es bringt Enttäuschung und Resignation, wenn man nur eine gute Note erreichen will. Ein Ziel dagegen, auf das man Einfluss nehmen kann, wäre eine häufigere mündliche Beteiligung. Praktisch gesprochen: Der Satz „Ich muss etwas Gutes sagen!" wird zurückgezogen und durch den Vorsatz ersetzt: „Ich will mich jetzt melden!".
Vielleicht kommst du nicht dran. Dann sage nicht: „So ein Mist, nie kann ich zeigen, was ich kann." Bestätige dir lieber: „Na ja, es hat diesmal nicht geklappt, wir sind ja auch sehr viele in der Klasse. Ich versuche es wieder, schon beim nächsten Mal kann es gelingen."

Material 23

Mind-Map „Mentales Training"

Bitte trage die zutreffende Zahl ein:

1 = erreicht
2 = manchmal gelungen
3 = klappt noch nicht

☐
Gelassen sein:
große Ruhe und
völlige Souveränität
erzeugen

☐
Rituale:
gleichförmig wie-
derkehrende Ab-
läufe einplanen

☐
Ankerpunkte:
du kannst dich
konzentrieren

Du bist der Champion!

☐
Umgang mit
Fehlern:
Fehler als norma-
len Bestandteil
akzeptieren und
generell gelassen
reagieren

☐
Nur positive
Selbstgespräche
zulassen:
negativen Gedan-
ken entweder sofort
Einhalt gebieten
oder sie ins Positive
umformen

nalen Zustand – Wut, Angst, Freude – unserer Kontrolle unterwerfen. Auf
Loehr aufbauend stellen wir fünf Bereiche für das Training physischer Leis-
tungsfaktoren vor, Möglichkeiten, um über Körperarbeit eine hohe mentale
und emotionale Kontrollfähigkeit zu erlangen. Sie sind zu je einem Material
für die Schülerhand zusammengefasst.

„Natürlich ist das für alle ärgerlich, für die Schüler und für die Lehrerin! Da
hat man nun, sagen wir, die Sache mit den s-Lauten im 5. Schuljahr gelernt,
und in der abschließenden Klassenarbeit sind Fehler gemacht worden, auf
die vorher kein Mensch gekommen wäre." Angeregt von diesem betrüb-
lichen wie verwunderlichen Ergebnis blickt Wolfgang Menzel, Professor in
Hildesheim, einmal über den Tellerrand des Schulbetriebs hinaus und fasst
Sportler, Schauspieler und Musiker ins Auge. Diese wollen und müssen
ebenfalls zu bestimmten Terminen ihre größtmögliche Leistung erbringen:
Wie machen die das eigentlich? „Da gibt es auch die Einstudierung, die Pro-
blemlösungsphasen, das Training, die täglich wiederholten Übungen. Aber
dann gibt es da noch etwas anderes, was ich in den Lernphasen auf eine
Klassenarbeit zu so nicht erkennen kann: die Ruhephasen zwischen Leis-
tungsspitzen; den ‚Test‘, die nicht ganz so ernste Probe vor dem Ernstfall, in
der man wiederholt, bei der man sich noch einmal korrigieren kann und in
gelösterer Haltung durchspielt, was man gelernt hat.

Vor der Aufführung also die Probe, der Test. Danach hat man noch einmal
zwei, drei Tage Zeit. Eines passiert dann nicht so leicht, was zum Verfäng-
lichsten aller Pädagogik gehört: dass der Lernende, der vielleicht wirklich
richtig gelernt hat, annimmt, er habe falsch gelernt, weil sich – aus ganz anderen Gründen – der Erfolg seines Lernens bei der viel zu frühen Überprüfung nicht eingestellt hat". (vgl. MENZEL 1986, S. 21). Lernen und Üben benö-
tigen Wiederholung und feste Rituale. Lernpsychologen haben heraus-
gefunden, dass eine Vokabel 21-mal wiederholt werden muss, bevor sie sicher „sitzt". Schülerinnen und Schüler sollten deshalb in eigener Regie geeignete Übungsformen austüfteln; wichtig ist das ganz besonders vor Klassenarbeiten.

TIPP: Für Lehrer, die das sinnvolle Üben anleiten möchten: PARADIES,
LIANE/LINSER, HANS JÜRGEN: Üben, Wiederholen, Festigen. Praxishand-
buch für die Sekundarstufe I und II. Cornelsen Scriptor, Berlin 2003.

In einem Gymnasium hat man Folgendes ausprobiert: Der Vorschlag eines Deutschlehrers, in der Pause vor der schriftlichen Arbeit ein etwa dreiminütiges Musikstück vorzuspielen (zum Beispiel aus dem langsamen Satz eines klassischen Werkes), fand in den Lerngruppen eine breite Zustimmung. Die organisatorische Durchführung war denkbar einfach: Wer mitmachen wollte, fand sich in der Pause vor der schriftlichen Arbeit im Klassenraum ein. Die Tür wurde von innen abgeschlossen, damit nicht Besuch aus anderen Lerngruppen die Ruhephase störte. Der Lehrer schaltete den Kassettenrecorder ein, die Musik erklang und vier Minuten später schloss er die Tür wieder auf. Wer den Aufenthalt draußen bevorzugt hatte, kam jetzt hinzu, und mit dem Schulgong ging die gesamte Lerngruppe an die Erledigung der Aufgaben. In den positiven Rückmeldungen wurde vor allem die ruhige Arbeitsatmosphäre gelobt. Hektische Fragen zu Beginn der Arbeit und gegenseitige Verunsicherungen durch nervöse Äußerungen waren weitgehend unterblieben.

Zum Thema „Fehler" schreibt Ute Andresen: „Rechtschreiben, das ist etwas, was man lernen muss. Ich halte das für sehr wichtig – aus einer ganzen Reihe von Gründen. Die Frage ist nur, wie es vermittelt wird. Dabei spielt die Korrektur eine ganz große Rolle, d.h.: Wie wird korrigiert, wenn ein Kind einen Rechtschreibfehler macht? Und ich rechne es mir selber eigentlich zur Schande an, dass ich erst nach zwanzig Jahren darauf gekommen bin, wie man es richtig macht. Dass man nämlich nicht den Kindern mit Rot in die Wörter reinfährt, sondern dass man klein die richtige Schreibweise in Rot daneben oder darüber schreibt und das Kind diese Stelle beim Abschreiben dann ausbessert. Dann setzt es sich mit seinem Fehler auseinander und akzeptiert das Richtige. Was wir im Rechtschreiben und in vielen Dingen in der Schule machen, ist ungefähr so, wie wenn man einem Krabbelkind sagen würde, du läufst falsch! Das ist erst auf dem Wege, eines Tages mal zu laufen. Und was es im Moment macht, ist eine Vorform – und da ist halt Krabbeln das Altersgemäße." (nach: KOWALCZYK/OTTICH ²1996, S. 118)

Die Mind-Map auf S. 91 fasst die fünf Bereiche des mentalen Trainings zusammen. Haben die Schülerinnen und Schüler 14 Tage lang an ihren mentalen Voraussetzungen gearbeitet, können sie mittels der Mind-Map die Ergebnisse zusammenfassen.

Nachdem die Schüler einige Trainingsvorschläge erprobt haben, tauschen sie in kleinen Gruppen ihre Erfahrungen aus. Sie stellen eventuell Fragen fürs Plenum zusammen. Der Lehrer betont noch einmal, dass es dabei um persönlich passende Regeln geht.

6 Grenzen erreicht?

Manchmal helfen auch die gut gemeinten pädagogischen Maßnahmen nicht weiter. Wir haben deshalb abschließend einige Informationen zusammengestellt, die sich mit Erziehungsmitteln und Ordnungsmaßnahmen beschäftigen. Die Vorgehensweisen variieren von Bundesland zu Bundesland.

 TIPP: Es gibt ein hervorragendes länderspezifisches Nachschlagewerk: „SchulLINK" aus dem Luchterhand-Verlag (auf CD-ROM).

Erziehungsmittel

Stören Schülerinnen und Schüler den Unterricht oder kommen sie ihren Pflichten nicht nach, können von den einzelnen Lehrkräften, vom Klassenlehrer oder von der Klassenkonferenz Erziehungsmittel als pädagogische Maßnahmen angewendet werden.

Im Rahmen ihrer pädagogischen Verantwortung verfügt jede Lehrkraft über unterschiedliche Möglichkeiten, auf Störungen und Konflikte im Unterricht – Unaufmerksamkeit, Unpünktlichkeit, Unvollständigkeit der Arbeitsmittel, unangemessenes Verhalten – zu reagieren. Zu den Erziehungsmitteln ohne sanktionierenden Charakter gehören

- die Ermahnung,
- der Tadel und
- das Gespräch unter vier Augen (oder in kleinem Kreis).

Klassenlehrerinnen und -lehrer können mit ihren Lerngruppen Vereinbarungen über angemessenes Verhalten in der Schule schließen, Gesamtkonferenzen eine verpflichtende Charta als Grundlage des Zusammenlebens aller Mitglieder der Schulgemeinschaft verabschieden.

Diese Erziehungsmittel haben keine Auswirkungen auf die Rechtsstellung der Schülerin oder des Schülers.

In Betracht kommen zum Beispiel:

- Wiederholung nachlässig gefertigter Arbeiten,
- zusätzliche häusliche Übungsarbeiten, die als Trainingsmaterial geeignet sind, also nicht zu mechanischen Schreib- und Lernübungen werden dürfen,

▨ besondere schulische Arbeitsstunden unter Aufsicht nach vorheriger Benachrichtigung der Erziehungsberechtigten,

▨ Wiedergutmachung eines angerichteten Schadens; sie muss zumutbar und dem missbilligten Verhalten angemessen sein,

▨ Auferlegung besonderer Pflichten, die im Zusammenhang mit dem beanstandeten Verhalten stehen,

▨ Verweisung aus dem Unterrichtsraum,

▨ Ausschluss von einzelnen Schulveranstaltungen (zum Beispiel von Schulwanderungen, Sportfesten, Schulfeiern) durch die Klassenkonferenz bei schriftlicher Benachrichtigung der Erziehungsberechtigten.

Rechtsmittel können gegen Maßnahmen dieser Art im Allgemeinen nicht eingelegt werden.

Die unterrichtende Lehrkraft wird in der Regel von der mündlichen Rüge, der Wiederholung nachlässig gefertigter Arbeiten, der Anfertigung zusätzlicher häuslicher Übungsarbeiten und der vorübergehenden Wegnahme von Gegenständen Gebrauch machen.

Die Klassenkonferenz entscheidet zum Beispiel über die Wiedergutmachung eines angerichteten Schadens oder den Ausschluss von bestimmten Schulveranstaltungen, wenn wegen eines Verstoßes gegen die Pflichten zwar keine Ordnungsmaßnahme verhängt wird, das Schülerverhalten gleichwohl nicht ohne Konsequenzen bleiben soll.

Ordnungsmaßnahmen

Von den Erziehungsmitteln zu unterscheiden sind die Ordnungsmaßnahmen, die bei groben Pflichtverletzungen der Schülerinnen und Schüler in Frage kommen. Sie greifen in die Rechtssphäre der Betroffenen ein. Ordnungsmaßnahmen sind Verwaltungsakte, die mit Widerspruch und Klage vor dem Verwaltungsgericht angefochten werden können. Mit diesen Maßnahmen reagiert die Schule auf grobe Pflichtverletzungen von Schülerinnen und Schülern. Die Interventionen zielen darauf ab, einerseits erzieherisch zu wirken und andererseits einen ordnungsgemäßen Schulbetrieb zu gewährleisten.

Ordnungsmaßnahmen sollte die Schule so weit wie möglich vermeiden. Wird jedoch ihr Bildungsauftrag durch das Fehlverhalten einer Schülerin oder eines Schülers gefährdet und haben die angewandten Erziehungsmittel nichts gefruchtet, ist eine verschärfte Gangart unumgänglich.

Auch auf ein Fehlverhalten außerhalb des Schulgebäudes oder des Schulgeländes kann mit einer Ordnungsmaßnahme reagiert werden, wenn der Vorfall in einem unmittelbaren räumlichen und zeitlichen Zusammenhang mit dem Schulbesuch steht, sich also z. B. auf Schulfahrten, bei Sportfesten oder auf dem Schulweg ereignet. In Betracht kommen zum Beispiel:

- die Überweisung in eine Parallelklasse,
- die Überweisung an eine andere Schule derselben Schulform,
- die Androhung des Ausschlusses vom Unterricht bis zu drei Monaten,
- der Ausschluss vom Unterricht bis zu drei Monaten,
- die Androhung der Verweisung von allen Schulen,
- die Verweisung von allen Schulen.

Die Androhung stellt eine förmliche Missbilligung des Fehlverhaltens einer Schülerin oder eines Schülers dar und bedeutet zugleich eine Warnung, dass bei Fortsetzung oder Wiederholung des missbilligten Verhaltens oder bei einem ähnlichen Verhalten ein Ausschluss vom Unterricht bis zu drei Monaten oder eine Verweisung von allen Schulen erfolgen kann. Allerdings ist mit der Androhung nicht die Konsequenz verbunden, dass jede weitere Verletzung der Schülerpflichten gleichsam automatisch zur Verhängung der angedrohten Maßnahme führt. Die dafür zuständigen Konferenzen sind in ihrer Entscheidung nicht gebunden.

Der Ausschluss vom Unterricht bedeutet das Verbot, an den unterrichtlichen und außerunterrichtlichen Veranstaltungen teilzunehmen. Er ist mit dem Verbot verknüpft, das Schulgrundstück zu betreten. An eine andere Schule derselben Schulform kann eine Schülerin oder ein Schüler nur überwiesen werden, wenn diese Schule in einer zumutbaren Entfernung liegt. Hieraus ergibt sich, dass diese Ordnungsmaßnahme bestimmten Schulen, etwa Gymnasien in ländlichen Bereichen, faktisch nicht zur Verfügung steht. Das gilt auch für Gesamtschulen, solange deren Zahl so gering ist wie bisher. Für diese Schulform ist noch zu beachten, dass wegen der Unterschiede im Bildungsangebot die Möglichkeit der Überweisung von einer Integrierten zu einer Kooperativen Gesamtschule (oder umgekehrt) im Einzelfall geprüft werden muss. Generell erscheint eine Umorientierung für eine Schülerin oder einen Schüler bis zum 7. Schuljahr noch zumutbar.

Die skeptische Frage, ob die Ordnungsmaßnahmen, die zu einem (befristeten) Ausschluss aus der sozialen Gruppe führen, wirklich geeignet sind, insbesondere auf die „Problemschüler" erzieherisch einzuwirken, hat eine breite Diskussion über andere Reaktionen der Schule ausgelöst. Konzepte der Streit-/Konfliktschlichtung und des Täter-Opfer-Ausgleichs finden unter dem Sammelbegriff „Mediation" zunehmend Resonanz in den Schulen.

Das bei allen Ordnungsmaßnahmen zu beachtende Gebot der Verhältnismäßigkeit der Mittel bedeutet nicht, dass eine bestimmte Reihenfolge – vom mildesten zum schärfsten Mittel – eingehalten werden müsste. Dem befristeten Ausschluss vom Unterricht und der Verweisung von allen Schulen hat aber grundsätzlich die „Androhung" dieser Maßnahmen vorauszugehen. Nur in besonders schweren Fällen ist die unmittelbare Anwendung möglich. Die Gründe, weshalb eine bestimmte Ordnungsmaßnahme für angemessen und eine „mildere" Maßnahme für nicht ausreichend gehalten worden ist, sind in der Konferenzniederschrift festzuhalten. Auch der Bescheid, den die Erziehungsberechtigten erhalten, muss mit einer Begründung versehen werden, die nicht nur Aussagen zum festgestellten Fehlverhalten enthält, sondern aus der sich auch die wesentlichen Gesichtspunkte der Ermessensentscheidung ergeben.

Die Überweisung in eine Parallelklasse kann nur vollzogen werden, wenn ihr die Schulleitung zustimmt. Der angeordnete Wechsel an eine andere Schule derselben Schulform und die Verweisung von allen Schulen bedarf der Genehmigung durch die unmittelbar vorgesetzte Schulbehörde.

Muss auf ein gravierendes Fehlverhalten unmittelbar reagiert werden – weil zum Beispiel die Sicherheit anderer Schülerinnen und Schüler oder der Lehrkräfte gefährdet ist –, kann die Schulleiterin oder der Schulleiter die erforderliche Maßnahme treffen. Unerlässlich ist, der oder dem Betroffenen zuvor rechtliches Gehör zu gewähren.

Über ihre Eilmaßnahme hat die Schulleitung die Klassenkonferenz unverzüglich zu unterrichten. Eine Bestätigung dieser Maßnahme durch die Klassenkonferenz ist nicht erforderlich. Die Konferenz bewertet die Angelegenheit unabhängig von den Erwägungen der Schulleitung bei ihrer Eilentscheidung. Allerdings muss sie sich Gedanken darüber machen, inwieweit die Eilmaßnahme auf eine gegebenenfalls noch zu verhängende Ordnungsmaßnahme „angerechnet" werden soll. Sie kann auch zu dem Ergebnis gelangen, ein Erziehungsmittel festzusetzen beziehungsweise es bei der Entscheidung der Schulleitung zu belassen.

Nicht nur aus pädagogischen, sondern auch aus rechtlichen Gründen sollten die in den Erziehungsmaßnahmen liegenden Möglichkeiten voll ausgeschöpft werden, bevor Ordnungsmaßnahmen ergriffen werden. Denn die vor allem auf formelle Verweise und Ausschlussentscheidungen zielenden Ordnungsmaßnahmen wiegen zwar rechtlich schwer, da sie unmittelbar in die Rechtsstellung der Schüler eingreifen; sie haben sich aber in der Praxis in bestimmten Fällen als wenig wirksam erwiesen. Außerdem ist der Katalog der Möglichkeiten hier sehr schnell erschöpft. Ordnungsmaßnahmen sollten aber immer dann entschlossen ergriffen werden, wenn sie zur Sicherung der schulischen Ordnung erforderlich sind. Ein derartiger Beschluss darf allerdings nicht als scheinbar einfacher Weg missbraucht werden, um wirkungsvolle Erziehungsmaßnahmen zu umgehen, weil diese ein hohes Maß an Abstimmung und Übereinstimmung im Kollegium – und mit den Eltern – voraussetzen, gegebenenfalls auch ein größeres persönliches Engagement des einzelnen Lehrers erfordern und pädagogische Fantasie und Kreativität verlangen, damit es nicht bei Lob und Tadel als erzieherischen Maßnahmen bleibt.

Die Aufzählung der Ordnungsmaßnahmen in den Länderregelungen stellt keine schematische Stufenfolge für die Anwendung dar. Ein solches schematisches Vorgehen verstieße gegen den Grundsatz der Verhältnismäßigkeit: Die Maßnahme muss unter Berücksichtigung aller relevanten Umstände des Einzelfalles in einem angemessenen Verhältnis zum Fehlverhalten stehen. Die Liste stellt daher keine Rangfolge dar, sondern allenfalls eine Aufzählung für die Überprüfung der Verhältnismäßigkeit der ins Auge gefassten Maßnahmen. Die Prüfkriterien hierfür lauten: geeignet, erforderlich, angemessen.

„Geeignet?"

Ist die in Betracht gezogene Maßnahme überhaupt geeignet, den gewünschten Erfolg herbeizuführen? Da der Erfolg einer Maßnahme sich niemals mit Sicherheit voraussagen lässt, scheiden auf dieser Stufe der Abwägung nur offensichtlich ungeeignete Möglichkeiten aus. So würde man einen Ausschluss vom Unterricht für zwei Tage wegen einer schweren Körperverletzung als offensichtlich völlig ungeeignet einstufen, da er angesichts einer erheblichen Gefährdung der Sicherheit der Mitschüler wohl kaum als brauchbar erscheint, den Schüler zu einer Verhaltensänderung zu bewegen und eine ausreichende abschreckende Wirkung zu erzielen.

„Erforderlich?"

Dieser Maßstab verlangt, dass unter den möglicherweise geeigneten Verfahren das den Schüler am geringsten belastende, aber doch noch Erfolg versprechende Mittel ausgewählt wird. Auch hier ist wiederum eine mit zahlreichen Unsicherheiten behaftete Prognose zu leisten. Es verstieße gegen diesen Grundsatz, einfach „auf Nummer sicher" zu gehen und den Schüler wegen einer schweren Körperverletzung an eine andere Schule zu überweisen, ohne die Umstände des Einzelfalles zu prüfen.

Bei der Feststellung der belastenden Wirkung für den betroffenen Schüler sind eventuell auch dessen Leistungsstand sowie die zeitliche Nähe zu einer Versetzungsentscheidung oder zum Erreichen eines Schulabschlusses zu berücksichtigen. So ist die belastende Wirkung eines Wechsels in die Parallelklasse oder einer Entlassung von der Schule offensichtlich größer, wenn es sich um einen leistungsschwachen Schüler handelt, der kurz vor der Versetzung bzw. Nichtversetzung steht, als wenn die Maßnahme einen leistungsstarken Schüler in der ersten Hälfte des Schuljahres betrifft.

Begibt sich ein Schüler freiwillig in eine psychologische oder psychiatrische Behandlung oder nimmt er Kontakt mit einer Beratungsstelle auf, folgt daraus nicht zwingend der Verzicht auf eine Ordnungsmaßnahme. Die Schule hat vielmehr im Einzelfall zu prüfen, ob auf eine Intervention – vorläufig – verzichtet werden kann oder ob sie zum Schutz anderer Personen oder flankierend ausgesprochen werden muss.

„Angemessen?"

Schließlich darf die Maßnahme nicht völlig außer Verhältnis zum beabsichtigten Erfolg stehen, man sollte nicht „mit Kanonen auf Spatzen schießen".

Das Gebot der Verhältnismäßigkeit strukturiert den Abwägungsprozess und fördert ein sorgfältiges Austarieren der betroffenen Interessen unter Einbeziehung der Persönlichkeit des Schülers und der anderen die Entscheidungssituation prägenden Faktoren. Es wirkt als Filter bei der Auswahl der Entscheidungsalternativen, begrenzt deren Zahl, ohne in jedem Fall eine „richtige" Entscheidung garantieren zu können.

In der Natur der Sache liegt begründet, dass wir auf offene Fragen stoßen, wenn es um die Treffsicherheit einer Prognose und die pädagogische Bewertung eines Verhaltens geht.

7 „Kunstfehler" in der Pädagogik

Wenn der Lehrer sich nicht mehr um den aktuellen Stand seiner Profession kümmert, unterlaufen ihm Kunstfehler. Sie zu erkennen ist deshalb nicht leicht, weil sie häufig zu einer Routine des pädagogischen Alltags geworden sind: Da fallen sie kaum noch auf.

Anhand der folgenden Übersicht können Sie rasch überprüfen, wo Handlungsbedarf besteht.

Der Lehrer leistet sich einen „Kunstfehler" ...	... und die Schüler sind dran	Was ist zu tun?
1. Die Schüler raten lassen		
Genau drei Gründe möchte der Lehrer genannt bekommen: dafür, dass Leute am Computer scheitern. Von den Schülern genannte weitere Punkte ordnet er rigoros in seine Dreierkette ein. Und als die Klasse beim Ratespiel nicht das Gewünschte produziert, legt er ihnen die drei Gründe eben selbst vor.	Ein Schüler ist davon überzeugt, dass es vier Gründe gibt. Damit kann er nicht landen. Andere in der Klasse tragen unterschiedliche Vermutungen vor, scheitern damit aber ebenfalls. Dem Lehrer gefällt's nicht. Er verkündet schließlich die „richtige" Lösung.	Der Lehrer nimmt die Fragen der Schüler sorgfältig auf und reagiert unvoreingenommen. Weil er die plausibelste Idee selbst noch nicht kennt, verzichtet er darauf, der Klasse „das" Ergebnis zu präsentieren.

Der Lehrer leistet sich einen „Kunstfehler" ...	... und die Schüler sind dran	Was ist zu tun?
2. Pauschale Rückmeldungen einholen		
Nach einem Unterrichtsabschnitt erkundigt sich der Lehrer, ob alles klar ist: „Habt ihr's verstanden?" Drei aus der Klasse, die immer nicken, nicken ihr ‚Ja'. Der Pädagoge nimmt dies als Gesamturteil und fährt in seinen Darlegungen fort.	Viele Schüler werden sich bei einer derart flächigen, unspezifischen Frage jeder Äußerung enthalten. Wer möchte schon als dumm dastehen?	Für ein Feedback in einer wichtigen Frage bietet sich die unaufwändige, aber sorgfältig durchgeführte Befragung aller Schülerinnen und Schüler an. (Eine pauschal gestellte Frage, die Sinn macht, lautet: „Was alles habt ihr verstanden?")
3. Als sein eigener Konkurrent auftreten		
Der Lehrer hat ein Arbeitsblatt ausgeteilt und wendet sich mit einem ganz anderen (themenfernen) Punkt an die ganze Klasse. Eine Variante: Während die Schüler etwas begutachten oder prüfen (betasten, ausprobieren), hält der Pädagoge einen Vortrag über die Klassifizierung dieses Objekts.	Die Schüler werden sich fragen, was nun eigentlich dran ist: das Selbermachen oder das Zuhören. Da sie beides nicht zugleich leisten können, sitzen sie in der (Lern-)Falle.	Der Lehrer sollte die Aufmerksamkeit seiner Schüler nicht durch Ausflüge in andere Bereiche ablenken.

Der Lehrer leistet sich einen „Kunstfehler" ...	... und die Schüler sind dran	Was ist zu tun?
4. Sich auf weitschweifige Diskussionen mit einzelnen Schülern einlassen		
Im Englischunterricht soll ein Lexikonartikel historische Hintergründe verdeutlichen. Ein altklug auftretender Schüler bezweifelt die „Relevanz" dieses Artikels für das Thema. Der Lehrer weist wortreich nach, dass die Angaben sehr wohl zum besseren Verständnis beitragen können.	Als Erfahrung springt für die Schüler heraus, dass der Lehrer gewinnt: seinem Wissen und seiner Rhetorik sind sie nicht gewachsen.	Dialoge mit engagierten Schülern verlagert der Pädagoge besser in den Privatbereich („Lass uns nach der Stunde darüber sprechen.").
5. Ein Mädchen oder einen Jungen vor versammelter Mannschaft disziplinieren		
Die Chemie-Lehrerin muss erleben, wie unachtsam ein Schüler mit dem Bunsenbrenner umgeht. Sie ruft ihn zur Ordnung, stellt ihn vor der Klasse bloß und treibt ihn argumentativ in die Ecke. Der Schüler wird patzig.	Zum Erschrecken über die Gefahren im Chemie-Unterricht gesellt sich in der Wahrnehmung der Klasse ein spannendes Scharmützel zwischen ihrem Kumpel und der Lehrerin. Der Junge überlegt, wie er gegen persönliche Beleidigungen vorgehen kann.	Im Falle von Störungen bittet der Pädagoge den ungebärdigen („störenden") Schüler am besten um ein kurzes Vier-Augen-Gespräch. So muss dieser nicht „vor seinen Leuten" das Gesicht wahren; er wird eher sachbezogen und einsichtig reagieren.

Der Lehrer leistet sich einen „Kunstfehler" ...	... und die Schüler sind dran	Was ist zu tun?
6. Der Klasse dauernd Entschuldigungen für Misslungenes vortragen		
„Nun hab' ich das Arbeitsblatt vergessen." – „Den Filmprojektor konnte ich nicht finden." – „Ich komme wegen der häuslichen Arbeiten (wegen der Fortbildung, weil mein Hund zum Tierarzt musste) einfach nicht zum Korrigieren der Klassenarbeit." Lehrer-Mitteilungen zu Beginn einer Stunde.	Jenseits der Worte – und des punktuellen Anliegens – registrieren die Schüler vor allem das defensive, unprofessionelle Verhalten aufgrund schlechter Vorbereitung, und zwar zu ihrem Nachteil.	Für das Arbeitsblatt findet der Lehrer sicherlich einen Ersatz und solange die im Erlass vorgesehene Korrekturzeit nicht deutlich überschritten wird, gibt es keinen Grund, kleine Brötchen zu backen.
7. Unmittelbar nach einer Frage Antworten abrufen		
Wie es die meisten seiner Kolleginnen und Kollegen auch tun, gibt der Physik-Lehrer direkt nach seiner Impulsfrage dem ersten (schnellsten) Schüler das Wort. Andere ruft er unmittelbar danach auf.	Die Mehrzahl der Schülerinnen und Schüler hat keine Zeit, über das Thema nachzudenken und eine eigene Idee vorzubringen. Und so bleibt vielen nichts anderes übrig, als die weitere Entwicklung „abzuwarten".	Der Lehrer gewöhnt sich an, nach einer Frage mindestens eine Drei-Sekunden-Pause (mitunter sogar eine Zehn-Sekunden-Pause) einzulegen. So wird sein Anliegen erkennbar, fundierte Antworten zu bekommen.

Der Lehrer leistet sich einen „Kunstfehler" ...	... und die Schüler sind dran	Was ist zu tun?
8. Während der Stillarbeit am Lehrertisch sitzen bleiben		
Die Deutsch-Lehrerin braucht dringend eine kleine Pause zur Regenerierung der Kräfte. Also lässt sie die Schüler „mindestens drei!" verschiedene Situationen entwerfen, in denen Menschen aneinander vorbeireden. Während die Klasse arbeitet, denkt sie über den nächsten Schritt nach.	Etliche folgen nun, da sich die Lehrerin vorn vergraben hat, nicht der Arbeitsanweisung, sondern beschäftigen sich anderweitig. Dies ruft Störungen hervor, die mit zunehmender Dauer immer schwerer in den Griff zu bekommen sind. Inhaltsorientierte Jungen und Mädchen ziehen den Kürzeren.	Der Lehrer wendet sich beim Herumgehen jedem Einzelnen zu und ruft den Auftrag ins Bewusstsein zurück; bei Bedarf gibt er einen hilfreichen Tipp.
9. Unangemessene Erwartungen entwickeln		
Als Quellenmaterial legt der Geschichtslehrer den Schülern die drei aktuellsten wissenschaftlichen Thesen zum Erstarken des Rechtsradikalismus vor.	Da sie dem Fachvokabular und den differenzierenden Ausführungen der Historiker hilflos ausgeliefert sind, flüchten sich die Schüler ins Zitieren und Umschreiben. Der Lehrer ist enttäuscht vom geringen Können seiner Lerngruppe und zeigt ihnen – sozusagen als Korrektur – einen Fernsehbeitrag zum Thema („damit ihr wenigstens erste Eindrücke erhaltet").	Weil nichts so sehr motiviert wie der Erfolg, präsentiert der Lehrer Material, das die Schüler erfolgreich bearbeiten können. Ist dies erledigt, stellt er eine anspruchsvolle zweite Aufgabe.

Der Lehrer leistet sich einen „Kunstfehler" ...	... und die Schüler sind dran	Was ist zu tun?
10. Störungen durch Beachtung noch verstärken		
Der hyperaktive Schüler veranlasst den Mathematiklehrer mit einer gewissen Mühelosigkeit dazu, immer neue Ermahnungen und Verwarnungen auszusprechen. So steht der unruhige Bursche unentwegt im Mittelpunkt des Interesses aller.	Die Zuschauer und Zuhörer sind hin und her gerissen. Einerseits stört ihr Mitschüler sie beim Nachdenken und Arbeiten, andererseits ist die Kasperei eine nette Abwechslung, und dass der Lehrer sich nicht durchsetzen kann, gefällt ihnen ebenfalls nicht schlecht.	Störendes Verhalten lässt der Lehrer weitgehend unbeachtet und Ansätze zur Mitarbeit verstärkt er unmittelbar.
11. Testaufgaben danach aussuchen, wie rasch (mühelos) sie zu Papier gebracht sind		
Entsprechend ihrem Engagement in Fragen der gesunden Ernährung kommt die Biologie-Lehrerin beim Themenfeld „Gesundes Frühstück" auf weit über ein Dutzend relevanter Einzelpunkte. Sie bastelt also einen Multiple-Choice-Test mit zwölf Aspekten allein zu diesem Thema. Die Beschäftigung damit liegt bereits drei Wochen zurück.	Die Mädchen und Jungen suchen vergeblich nach Arbeitsaufträgen, bei denen sie die Arbeit der letzten Stunden wiedererkennen. Beim Punkt „Frühstück" kreuzen sie an, was wahrscheinlich klingt.	Bei der Auflistung von Prüfungsfragen achtet der Lehrer auf Fairness und Ausgewogenheit (Orientierung am Unterrichtsgeschehen).

Der Lehrer leistet sich einen „Kunstfehler" …	… und die Schüler sind dran	Was ist zu tun?
12. Die Note einer Arbeit nach dem Namen (Status) des Schülers einrichten		
Einige Formulierungen des Physik-Cracks aus der 9b findet der Lehrer zwar nicht ganz so gelungen, er ist aber aufgrund der bisherigen Leistungen sicher, dass der Junge es richtig „meint". Also steht wieder ein vorzügliches Urteil unter der Arbeit.	Beim vergleichenden Blick auf die Lösungen kommt dem Nachbarn des Cracks in den Sinn, dass er annähernd so geantwortet hat wie der Physik-Experte neben ihm. Und wie erklärt sich dann der Unterschied von zwei Noten?	Beim Korrigieren von Arbeiten deckt der Lehrer aus Fairness den Namen des Schülers ab. So vermeidet er Verzerrungen durch Vorurteile.
13. Alles, was geschieht, persönlich nehmen		
Der Musiklehrer ist tief enttäuscht darüber, dass viele Schülerinnen und Schüler von seinem Unterricht nicht gepackt sind. Dabei ist er doch durch ein Prädikatsexamen als herausragender Experte qualifiziert. Das Desinteresse der Klasse setzt ihm persönlich zu.	Die Schüler verfolgen mit Interesse, wie engagiert und euphorisch der Musiklehrer seinen Unterricht gestaltet. Ihnen ist aber auch klar, dass die Schule nicht nur das freudige Lernen vertritt, sondern auch das Überprüfen und Aussortieren übernimmt. Das hält die Begeisterung von vornherein in Grenzen.	Der Lehrer akzeptiert, dass die Schüler sein Spezialgebiet nicht so faszinierend finden wie er selbst. Möchte er dazu eine Erfahrung machen, unterrichtet er einmal ein paar Stunden auf einem fachfremden Gebiet.

Der Lehrer leistet sich einen „Kunstfehler" ...	... und die Schüler sind dran	Was ist zu tun?
14. Rote Tinte verwenden		
Damit die Mängel in der Schreibweise der französischen Vokabeln auch plastisch hervortreten, hat die Lehrerin dicke Striche und eine große Schrift gewählt („So sehen sie die Fehler besser und werden sie künftig vermeiden.").	Mehrere in der Klasse blicken nach der Rückgabe des Klassenarbeits-Heftes auf Seiten, die in der Farbe Rot förmlich ertrinken. Sie erleben diese massive Präsentation ihrer Fehler als beschämend und demotivierend.	Weil Schüler besser lernen, wenn sie ermutigt werden, verzichtet der Lehrer bei der Korrektur auf rote Tinte mit den Signalwerten „nicht in Ordnung!", „Gefahr!".
15. Drohen		
Der Geschichtslehrer hat gelernt zu drohen: „Wenn du nicht ..., dann werde ich ...!" Er hat aber nicht gelernt, konsequent zu sein. Die angedrohte Konsequenz – „Dann schicke ich dich zum Direktor" – bleibt trotz wiederholten Fehlverhaltens leeres Gerede. Damit steckt der Pädagoge in einer Situation fest, in der er nur noch verlieren kann.	Die Schüler wissen seit längerem, dass sie die beiden Leerstellen im Satz des wütenden Lehrers spielerisch mit Versatzstücken füllen können. Es passiert ja doch nichts. Abgesehen davon, dass der Lehrer in seiner Hilflosigkeit spöttische Kommentare geradezu herausfordert.	Der Geschichtslehrer verschafft sich unmittelbar nach dem Fehlverhalten eine Denkpause, indem er am Lehrertisch Platz nimmt und auf einem Blatt herumkritzelt. So kann er in Ruhe nachdenken, wie gravierend der Verstoß war, welcher Anteil auf seine eigene Kappe geht und was er tun will und wird.

Der Lehrer leistet sich einen „Kunstfehler" ...	... und die Schüler sind dran	Was ist zu tun?
16. ‚Warum'-Fragen stellen		
Im Kunstunterricht. Der Lehrerin platzt der Kragen und sie fährt Jens an: „Dauernd störst du Marie bei der Arbeit. Warum tust du das?" Jens schweigt. Bei nächster Gelegenheit wird er ein Kleeblatt auf Maries Heft malen.	Das kann Jens der Lehrerin nicht sagen: Wie sehr ihm Marie gefällt und wie toll das ist, neben ihr zu sitzen. Frau Bente wird sich schon wieder beruhigen.	Der Lehrer verzichtet besser auf Ursachenforschung. Stattdessen geht er auf das Verhalten ein und achtet sorgfältig auf die Antwort des Schülers.
17. Auf Perfektionismus aus sein		
Der Deutschlehrer hat die Oberstufe zu einer Lesung in die Aula eingeladen. Seine Bedingung für die Teilnahme: Pünktlichkeit. Bevor er die Lesung beginnt, schließt er die Tür von innen ab. Während er vorträgt, klopft ein verspäteter Schüler immer heftiger an die Tür, sodass der Lehrer schließlich unterbrechen und öffnen muss. Vor der gesamten Schülerschaft putzt er den Jungen herunter; ohne dessen massive Störung wäre ihm ein glänzender Auftritt gelungen.	Der erwähnte Schüler war gerade auf dem Weg in die Aula, als der Direktor ihn abfing und einige Fragen nach der Abiturzeitung stellte. Sein großes Interesse an dem Vortrag veranlasst den Jungen, an die verschlossene Aula-Tür zu klopfen. Diese Lesung möchte er auf keinen Fall versäumen. Die Beschimpfung des Lehrers macht ihn sprachlos; am folgenden Tag, als er dem Pädagogen im Kursraum begegnet, hat sich seine Befangenheit immer noch nicht gelegt.	Dem Lehrer sollte aufgehen, dass er sich einem Vollkommenheits-Anspruch ausgeliefert hat, der beträchtlichen Schaden anrichten kann. Mit einer Entschuldigung für sein schroffes Verhalten verzichtet er auf die Aura, unfehlbar zu sein; er gewinnt den Ruf zurück, auf einen guten zwischenmenschlichen Kontakt besonderen Wert zu legen.

Literatur

ALTRICHTER, HERBERT/POSCH, PETER: Lehrer erforschen ihren Unterricht. Bad Heilbrunn: Klinkhardt 1990

BASTIAN, JOHANNES/COMBE, ARNO: Schüler-Feedback. Wie Lehrer und Schüler über die Entwicklung des Unterrichts ins Gespräch kommen. In: BUCHEN, HERBERT/HORSTER, LEONHARD/PANTEL, GERHARD/ROLFF, HANS-GÜNTER (Hrsg.): Schulleitung und Schulentwicklung. Berlin: Raabe, Grundwerk 1994, Ergänzungslieferung 9/2003, E 2.36, S. 1–24

BECKER, GEORG E.: Lehrer lösen Konflikte. Ein Studien- und Übungsbuch. Weinheim: Beltz 1983

BERGSSON, MARITA/LUCKFIEL, HEIDE: Umgang mit ‚schwierigen‘ Kindern. Auffälliges Verhalten, Förderpläne, Handlungskonzepte. Berlin: Cornelsen 1998

BÖHM, THOMAS: Handbuch Erziehungs- und Ordnungsmaßnahmen in der Schule. Neuwied: Luchterhand, hier: Kapitel V, S. 93–96

BONNKE, ECKHARD: Bedeutung von Schule für die Beteiligten – Ergebnisse von Studien. Im Internet abgerufen unter: www.bildung-mv.de/download/gewalt/ergebnisse.pdf

BROPHY, JERE: Teaching. Brüssel/Genf: The International Academy of Education 1999. Im Internet abgerufen unter: www.ibe.unesco.org.

BUCHEN, HERBERT/HORSTER, LEONHARD/PANTEL, GERHARD/ROLFF, HANS-GÜNTER (Hrsg.): Schulleitung und Schulentwicklung. Berlin: Raabe, Grundwerk 1994, Ergänzungslieferung 9/2003, E 2.36, S. 1–24

BURKARD, CHRISTOPH/EIKENBUSCH, GERHARD/EKHOLM, MATS: Starke Schüler – gute Schulen. Berlin: Cornelsen Scriptor 2003

DEBRUYN, ROBERT L./LARSON, JACK L.: You can handle them all. Manhattan, Kansas (USA): The Master Teacher, Inc. 1984

DÖRNER, DIETRICH: Bauplan für eine Seele. Reinbek: Rowohlt 2001

ERNST, HEIKO: Das Geheimnis der Könner. In: Psychologie heute, 1/2001

FREUDE, GERHARD: Förderung der mündlichen Unterrichtsbeteiligung: Ein Angebot für Schülerinnen und Schüler der Jahrgangsstufen 7 und 8 einer Hauptschule. Soest: Landesinstitut für Schule und Weiterbildung 1991

FRIEDRICH JAHRESHEFT: Disziplin. Sinn schaffen – Rahmen geben – Konflikte bearbeiten. Friedrich Jahresheft XX 2002

GORDON, THOMAS: Lehrer-Schüler-Konferenz. Hamburg: Hoffmann und Campe 1977

HAAS, BRIGITTE: Reduzierung von Zwischenrufen und Aufbau eines neuen Klassenverständnisses: Projekt in der sechsten Klasse einer Realschule. Soest: Landesinstitut für Schule und Weiterbildung 1991

HABERMALZ, WILHELM (Hrsg.): SchuLLINK Luchterhand – Niedersachsen. Datenbank für Schulmanagement. Neuwied: Luchterhand 2001

HAENISCH, HANS: Was wir über guten Unterricht wissen – Zusammenfassung von Ergebnissen der empirischen Unterrichtsforschung. In: SchulVerwaltung NI SH, 10/2002, S. 260–263

HEITLINGER, ANDREAS: Unterrichtsstörungen in der Sekundarstufe. Darstellung der Erscheinungsformen, Ursachendimensionen, Interventions- und Präventionsmöglichkeiten. Wissenschaftliche Hausarbeit: Erste Staatsprüfung für das Lehramt an Grund- und Hauptschulen. Im Internet abgerufen unter: http://www.ph-heidelberg.de/org/phb/Stoer.html

JONES, FRED: Tools for teaching. Santa Cruz (USA): Fredric H. Jones & Associates, Inc. 2000

KLEIN, WERNER/KREY, BODIN: Umgang mit schwierigen Schülern. Konzeptionelle Überlegungen, Erfahrungen, Praxisberichte. Baltmannsweiler: Schneider Verlag Hohengehren 1999

KOWALCZYK, WALTER/OTTICH, KLAUS: Erziehen: Handlungsrezepte für den Schulalltag in der Sekundarstufe. Grundlagenband. Berlin: Cornelsen Scriptor 2004

KOWALCZYK, WALTER/OTTICH, KLAUS: Schülern auf die Sprünge helfen. Reinbek: Rowohlt [2]1996

LOEHR, JAMES E.: Persönliche Bestform durch Mentaltraining für Sport, Beruf und Ausbildung. München: BLV 1991

LOGUE, ALEXANDRA W.: Der Lohn des Wartens. Heidelberg: Spektrum 1996

LOHMANN, GERT: Mit Schülern klarkommen. Berlin: Cornelsen Scriptor 2003

MAYR, JOHANNES/EDER, FERDINAND/FARTACEK, WALTER: Mitarbeit und Störung im Unterricht: Strategien pädagogischen Handelns. In: Zeitschrift für Pädagogische Psychologie, 5. Jg., H. 1, S. 43–55

MENZEL, WOLFGANG: Die Klassenarbeit. Das will mir nicht in den Kopf. In: Lernen. Ereignis und Routine. Friedrich Jahresheft IV. Seelze: Velber 1986

MEYER, HILBERT: Zehn Merkmale guten Unterrichts. Empirische Befunde und didaktische Ratschläge. In: Pädagogik, H. 10/2003, S. 36–43

MEYWALD, ELLEN: Selbstkontrolle: Warum Geduld sich auszahlt. In: psychologie heute, 2/2000, S. 20–27

MOLNAR, ALEX/LINDQUIST, BARBARA: Verhaltensprobleme in der Schule. Lösungsstrategien für die Praxis. Dortmund: Borgmann 1991

NOLTING, HANS-PETER: Störungen in der Schulklasse. Ein Leitfaden zur Vorbeugung und Konfliktlösung. Weinheim: Beltz 2002

REDLICH, ALEXANDER: Kooperative Verhaltensmodifikation im Unterricht. München: Urban & Schwarzenberg ²1981

REDLICH, ALEXANDER/SCHLEY, WILFRIED: Hauptschulprobleme. München: Urban & Schwarzenberg 1980

ROLFF, H.-G./BOS, W./KLEMM, K. u.a. (Hrsg.): Jahrbuch der Schulentwicklung, Band 11. Daten, Beispiele und Perspektiven. Institut für Schulentwicklungsforschung, Dortmund. Weinheim/München: Juventa 2000

ROSENBACH, MANFRED: Störungen des Unterrichts – Ein Orientierungsrahmen zum Thema. Im Internet abgerufen unter: http://bebis.cidsnet.de/weiterbildung/sps/allgemein/bausteine/stoerungen/rahmen.htm

SCHAEFER, ANDREAS/UHL, REGINA (2003): Strategische Interventionen im Unterricht. Studienseminar Cuxhaven für das Lehramt an Grund-, Haupt- und Realschulen: www.seminarordner.de

SCHEELE, BRIGITTE: Selbstkontrolle als kognitive Interventionsstrategie. Weinheim: edition psychologie 1981

STOLLREITER, MARC/VÖLGYFY, JOHANNES: Selbstdisziplin. Offenbach: Gabal 2001

THEMENHEFT LERNCHANCEN: Disziplin entwickeln. Lernchancen 4/1998

WAHL, DIETHELM: Mit Training vom trägen Wissen zum kompetenten Handeln. In: Zeitschrift für Pädagogik 48 (2002) Nr. 2, S. 227–241

WAHL, DIETHELM/MUTZECK, WOLFGANG: Wie Lehrende und Lernende miteinander umgehen. Probleme der sozialen Interaktion. Deutsches Institut für Fernstudien – Studienbrief 02042, Tübingen 1990

WILMOT, JOE: Listen Up! Helping children deal with difficult emotions. – Im Internet abgerufen unter: http://www.thomasgordon.com/schoolsarticles4.asp

Quellen:

S. 14: mit freundl. Genehmigung der Hauptschule am Niesenteich, Paderborn

S. 38: mit freundl. Genehmigung des LDK, Prof. Dr. J. Mayr

S. 60f.: mit freundl. Genehmigung von A. Schaefer/R. Uhl

S. 86 (Mat. 18, 93): © Rowohlt, Reinbek

Mat. 1: © Klinkhardt, Bad Heilbrunn

Stichwortverzeichnis